KB248201

Diet Japanese

新 다이어트 일본어

저자 강석우 · 이범석 · 최은희 · 이시즈카 유카리 · 고쿠쇼 카즈미

초급 **2** 단계

시사일본어사

「가능한 한 부담없이, 일본어를 즐겁게 공부하자!」

이것이 본서가 지향하는 가장 큰 목적입니다. 본서는 앞서 출간한 "신 다이어트 일본어 초급1"에 이어 같은 집필진이 입문 단계의 일본어 학습자를 초급 단계로 레벨을 향상시키기 위해 기획·출간한 것입니다. 다시 말해 "신 다이어트 일본어 초급1"이 일본어를 처음 접하는 입문자가 흥미를 잃지 않고 히라가나와 가타카나를 쉽게 익히고, 형용사의 활용에서 동사 활용의 입문 단계까지 익히도록 한 것이라면, 이번 교재는 명실공히 입문 단계에서 초급 단계로 가기 위해 꼭 필요한 동사의 활용과 한자 읽기에 대해 다음과 같이 부담을 최소한으로 줄이면서 체계적으로 학습할 수 있도록 하였습니다.

1. 가타카나를 익혔지만 익숙해지기까지는 아직 좀 더 많은 연습이 필요합니다. 이를 고려하여 필수 가타카나 단어를 꾸준히 연습할 수 있도록 가타카나 단어 쓰기 노트를 부록으로 만들었습니다.

2. 일본어 학습은 일본에 대한 전반적인 이해가 필요하다고 여겨집니다. 본격적인 일본어 학습에 들어가기 전에 "다이어트 日本!" 코너를 통해 일본의 행정구역, 공휴일, 연중행사, 신체 어휘 등 슬림하지만 전반적인 일본의 이해를 돕고자 하였습니다.

3. 일상생활에서 필요하지만 본문에 나오지 않는 어휘를 각 과의 3단계 연습하기 하단에 삽입함으로써 어휘를 풍부하게 하였습니다.

4. 초급 학습자에게 한자 읽기는 여전히 부담이 많습니다. 그럼에도 일본어 학습에서 한자 학습을 피해갈 수는 없습니다. 각과의 마지막에 있는 한자쓰기 코너에 나오는 한자를 꾸준히 익힌다면 중급 단계로 레벨을 올리는데 많은 도움이 될 것입니다.

5. 초급에서 중급으로 올라가기 위해 꼭 필요한 문법 항목은 가능, 수동, 사역, 경어 표현일 것입니다. 이들 항목에 대해 각과에서는 단계적으로 가장 쉽고도 간단히 설명하고 있습니다. 그럼에도 이해가 부족한 부분은 부록을 통해 다시 한번 자세히 익힐 수 있도록 하였습니다.

6. 저자들이 전하는 「일본견문기」를 통해 다양한 일본의 사회와 문화를 접하며 우리나라의 문화와 사뭇 다른 경험을 할 수 있도록 하였습니다.

본서의 본문 배경은 일본입니다. 일본으로 유학을 간 주인공이 일본의 대학에서 생활하며 겪는 내용을 중심으로 회화문이 전개됨으로써 일본의 대학생활을 간접적으로 체험하며 학습할 수 있다는 점에서 매우 유용할 것으로 생각합니다.

본 교재를 통하여 일본이를 즐겁게 공부할 수 있기를 바라며, 마지막으로, 본서가 나오기까지 수고해 주신 편집부 여러분께 깊은 감사의 뜻을 전합니다.

저자 일동

본 교재는 전체적으로 1부 다이어트 **日本！**, 2부 본문, 3부 부록으로 구성되어 있습니다.

1부 다이어트 **日本！**에서는 일본 지도, 공휴일 / 연중행사, 신체, 날씨, 색깔, 일본한자 등 일본과 관련된 간단한 상식과 일상생활에서 흔히 쓰이는 어휘를 파트별로 다양하게 수록하였으며, 워밍업을 통하여 1권에서 나온 주요 문형을 간단하게 복습할 수 있도록 하였습니다.

2부 본문은 총 12과로 구성되어 있으며, 「새로운 단어」, 「회화문」, 「1단계 알기」, 「2단계 올리기」, 「3단계 연습하기」, 「일본견문기」, 「써 보기」로 구성되어 있습니다. 1권보다 한자 사용 빈도를 높였으며, 보다 심화된 일본어 문법 및 문형, 단어로 구성된 본문을 통하여 일본어 능력이 향상될 수 있도록 하였습니다. 2부 본문의 구성과 특징은 아래와 같습니다.

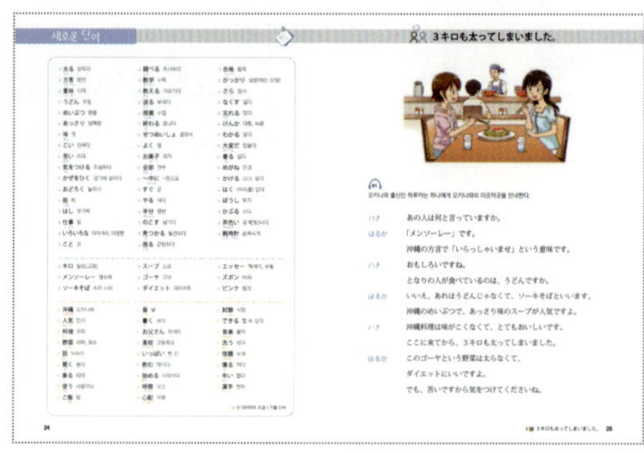

새로운 단어 / 회화문

해당 과에서 새로 나오는 어휘를 우선적으로 학습할 수 있습니다.
짧은 회화문으로 부담없이 본문을 익히고 일본인 성우의 음성으로 회화 및 듣기 능력이 향상됩니다.

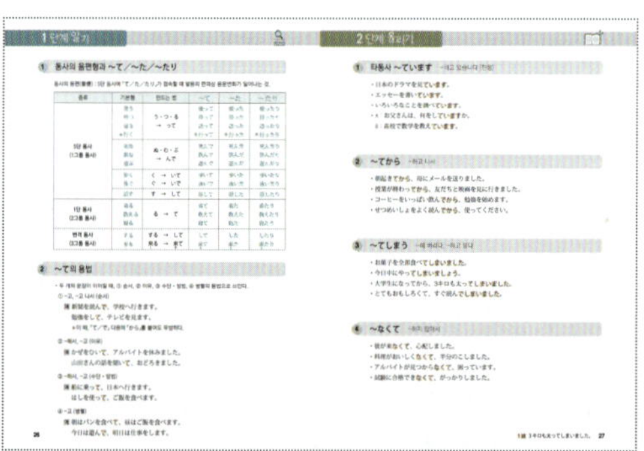

1단계 알기 / 2단계 올리기

해당 과에서 학습할 문법 및 표현을 간결하고 핵심적으로 수록하였습니다.
1단계에서 소개한 표현을 사용한 다양한 실생활 예문으로 이해도를 높였습니다.

3단계 연습하기 / 일본견문기

1,2단계에서 학습한 내용을 토대로 작문 및 듣기 문제를 풀며 연습할 수 있습니다.
저자가 일본에서 생활하면서 겪은 생생한 일본의 모습을 느낄 수 있습니다.

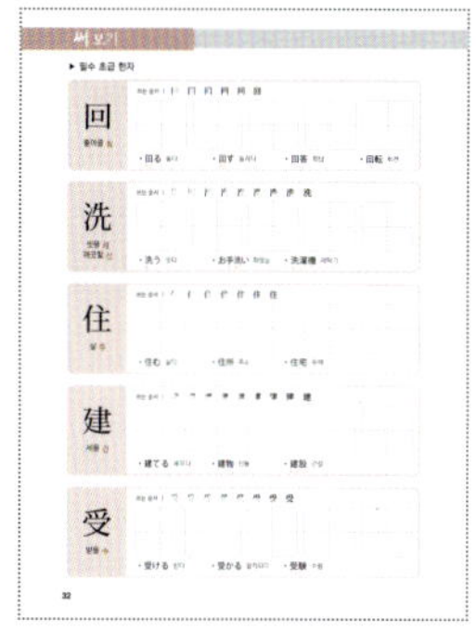

써 보기

필수 초급 한자를 직접 획순에 따라 써 보며
올바른 한자를 익힘과 동시에 어휘를 학습할 수 있습니다.

마지막으로 3부 부록은 표현과 문법 편과 정답 및 해석 편으로 나누어져 있으며, 표현과 문법 편에서는 동사의 종류, 일본어 경어 표현, 사역·수동·사역수동 표현 등 보다 심화된 일본어 표현과 문법을 다수 수록하였으며, 보다 상세한 설명과 예문으로 이해를 도와 일본어 실력이 향상될 수 있도록 하였습니다. 그리고 정답 및 해석 편에는 본문 문제의 정답 및 듣기 스크립트와 본문 해석을 수록하여 혼자서도 충분히 학습할 수 있도록 하였으며, 별책으로 제공되는 가타카나 단어 쓰기 노트로 쓰기 연습이 가능하도록 하였습니다.

다이어트 日本!

① 일본 지도
② 공휴일 / 연중행사
③ 신체
④ 날씨
⑤ 색깔
⑥ 일본 한자
⑦ 워밍업

1 일본의 행정 구역

일본은 크게 홋카이도(北海道), 혼슈(本州), 시코쿠(四国), 규슈(九州)의 4개의 섬으로 이루어지며, 8개의 지방으로 나눌 수 있다. 규슈에 7개, 시코쿠에 4개, 혼슈에 34개 그리고 홋카이도, 오키나와까지 모두 47개의 행정 구역(=도도부현(都道府県))이 있으며, 도쿄 도(都), 홋카이 도(道), 교토 부(府), 오사카 부(府), 기타 43개의 현(県)으로 나누어진다.

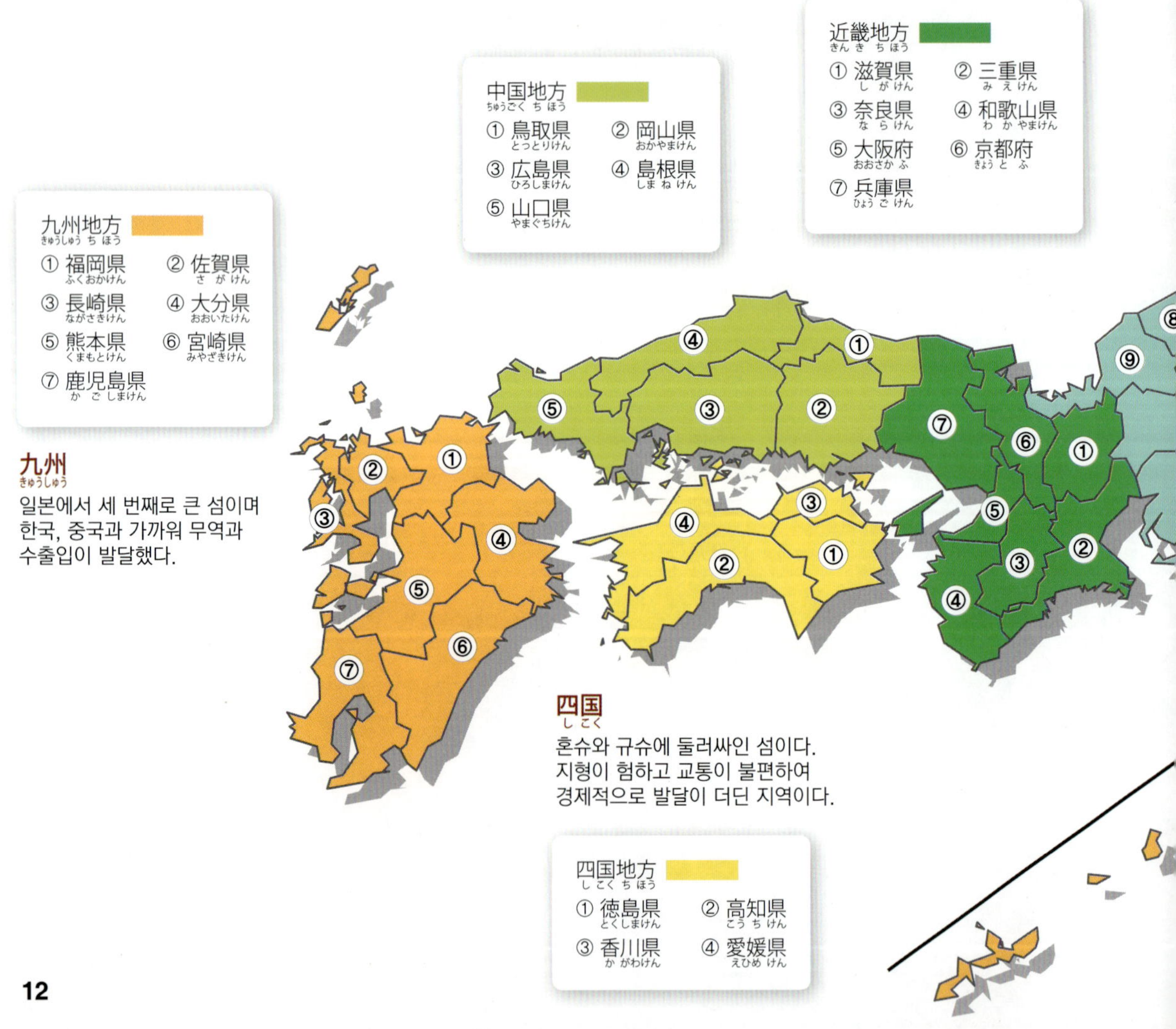

九州
きゅうしゅう
일본에서 세 번째로 큰 섬이며 한국, 중국과 가까워 무역과 수출입이 발달했다.

四国
し こく
혼슈와 규슈에 둘러싸인 섬이다. 지형이 험하고 교통이 불편하여 경제적으로 발달이 더딘 지역이다.

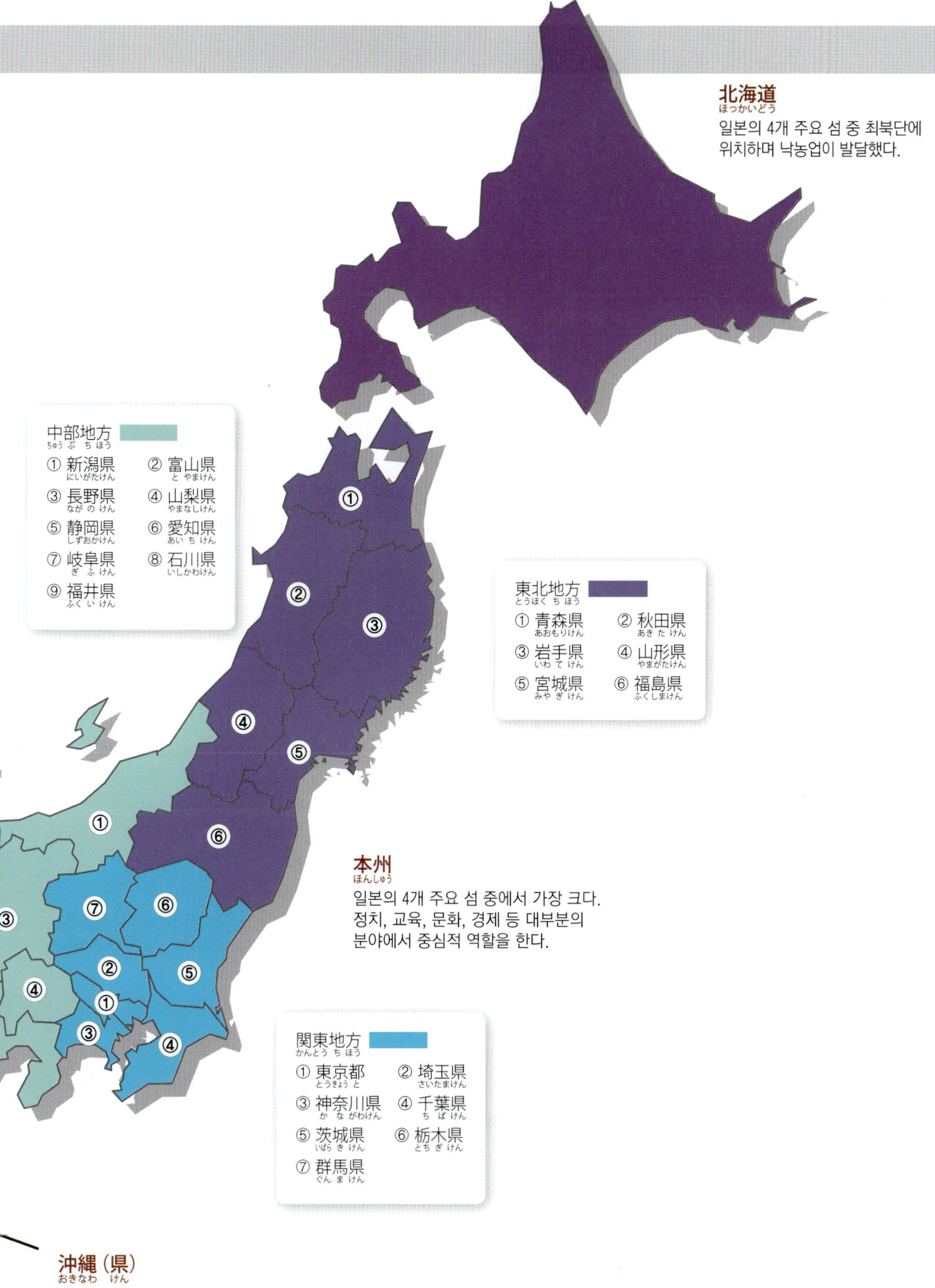

北海道
ほっかいどう
일본의 4개 주요 섬 중 최북단에
위치하며 낙농업이 발달했다.

中部地方
ちゅうぶ ち ほう
① 新潟県　にいがたけん
② 富山県　と やまけん
③ 長野県　なが の けん
④ 山梨県　やまなしけん
⑤ 静岡県　しずおかけん
⑥ 愛知県　あい ち けん
⑦ 岐阜県　ぎ ふ けん
⑧ 石川県　いしかわけん
⑨ 福井県　ふく い けん

東北地方
とうほく ち ほう
① 青森県　あおもりけん
② 秋田県　あき たけん
③ 岩手県　いわ て けん
④ 山形県　やまがたけん
⑤ 宮城県　みや ぎ けん
⑥ 福島県　ふくしまけん

本州
ほんしゅう
일본의 4개 주요 섬 중에서 가장 크다.
정치, 교육, 문화, 경제 등 대부분의
분야에서 중심적 역할을 한다.

関東地方
かんとう ち ほう
① 東京都　とうきょう と
② 埼玉県　さいたまけん
③ 神奈川県　か な がわけん
④ 千葉県　ち ば けん
⑤ 茨城県　いばら き けん
⑥ 栃木県　とち ぎ けん
⑦ 群馬県　ぐん ま けん

沖縄（県）
おきなわ　けん
일본 최남단에 위치한 섬들이다.
관광 산업이 발달했으며 열대 과일이 잘 자란다.

1 공휴일

일본의 법률로 지정한 공휴일(国民の祝日)

명칭	우리말	날짜	비고
正月 (元日) しょうがつ がんじつ	설날	1월 1일	
成人の日 せいじん ひ	성인의 날	1월 둘째 월요일	
建国記念日 けんこく き ねん び	건국기념일	2월 11일	신화 속의 초대 일왕 神武왕이 즉위한 날 じん む
天皇誕生日 てんのうたんじょう び	일본국왕탄생일	2월 23일(2020년~)	현재 국왕의 탄생일(令和) れい わ
春分の日 しゅんぶん ひ	춘분	3월 21일경	자연을 기리며 생물을 아끼는 날
昭和の日 しょう わ ひ	쇼와의 날	4월 29일	격동의 쇼와시대를 회고하며 국가의 미래를 생각하는 날
憲法記念日 けんぽう き ねん び	헌법기념일	5월 3일	
みどりの日 ひ	식목일	5월 4일	1989~2006년 : 4월 29일 2007년부터 5월 4일로 변경
こどもの日 ひ	어린이날	5월 5일	
海の日 うみ ひ	바다의 날	7월 셋째 월요일	바다의 혜택에 감사하며 해양 국가인 일본의 번영을 기원하는 날
山の日 やま ひ	산의 날	8월 11일	
敬老の日 けいろう ひ	경로의 날	9월 셋째 월요일	
秋分の日 しゅうぶん ひ	추분	9월 22일경	조상을 기리며 돌아가신 분들을 위령하는 날
スポーツの日 ひ	스포츠의 날	10월 둘째 월요일	
文化の日 ぶん か ひ	문화의 날	11월 3일	자유와 평화를 사랑하며 문화를 진흥시키는 날
勤労感謝の日 きんろうかんしゃ ひ	근로감사의 날	11월 23일	근로를 존중하며 생산 활동을 위로하고 국민이 서로 감사하는 날

2 연중행사

節分
せつぶん

주로 입춘 전날(현재는 2월 3~4일경) 잡귀를 쫓고 집 안에 복을 불러들이기 위해 행하는 행사이다. '복은 집 안으로, 잡귀는 집 밖으로(福は内、鬼は外)'라고 외치면서 볶은 콩을 뿌리는 풍습이 있다.

ひな祭り
まつ

3월3일. 빨간 색의 단(壇)에 히나 인형을 장식하여, 여자아이들이 건강하게 잘 자라주길 기원한다.

端午の節句
たん ご せっ く

5월 5일 단오절은 남자아이를 위한 날로, 집 안에는 무사 인형, 지붕에는 '고이노보리(こいのぼり)'라고 하는 잉어 깃발을 내걸고 건강하게 자랄 것과 출세를 기원한다.

お盆
ぼん

8월 15일. 성묘하여 주상의 명복을 빌며 무신다. 고향으로 내려가는 귀성객으로 붐비며, '유카타'를 입고 '본오도리'라는 춤을 추며 여러 행사를 즐긴다. 우리나라의 '추석'과 유사하다.

七五三
しち ご さん

11월 15일. 아이들의 성장을 축하하고 액막이를 하는 행사로 남자아이는 3세와 5세, 여자아이는 3세와 7세 때 부모를 따라 신사(神社)에 소원을 빌러 간다.

1 신체

顔
かお
ひたい
ほお
目
め
耳
みみ
首
くび
腕
うで
腰
こし
ひじ
腹
はら
ひざ
眉毛
まゆげ
頭
あたま
髪
かみ
鼻
はな
口
くち
くちびる
手
て
お腹
なか
足
あし

2 날씨

晴れ
は

曇り
くも

雨

雪

黄砂
こう さ

きつねの嫁入り
よめ い

梅雨

真夏

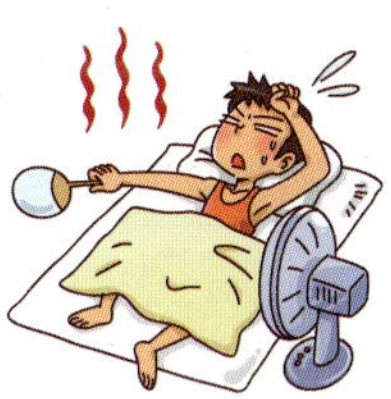

熱帯夜

ヒートアイランド現象

秋晴れ
あき ば

寒波
かん ぱ

真冬日

1 색깔

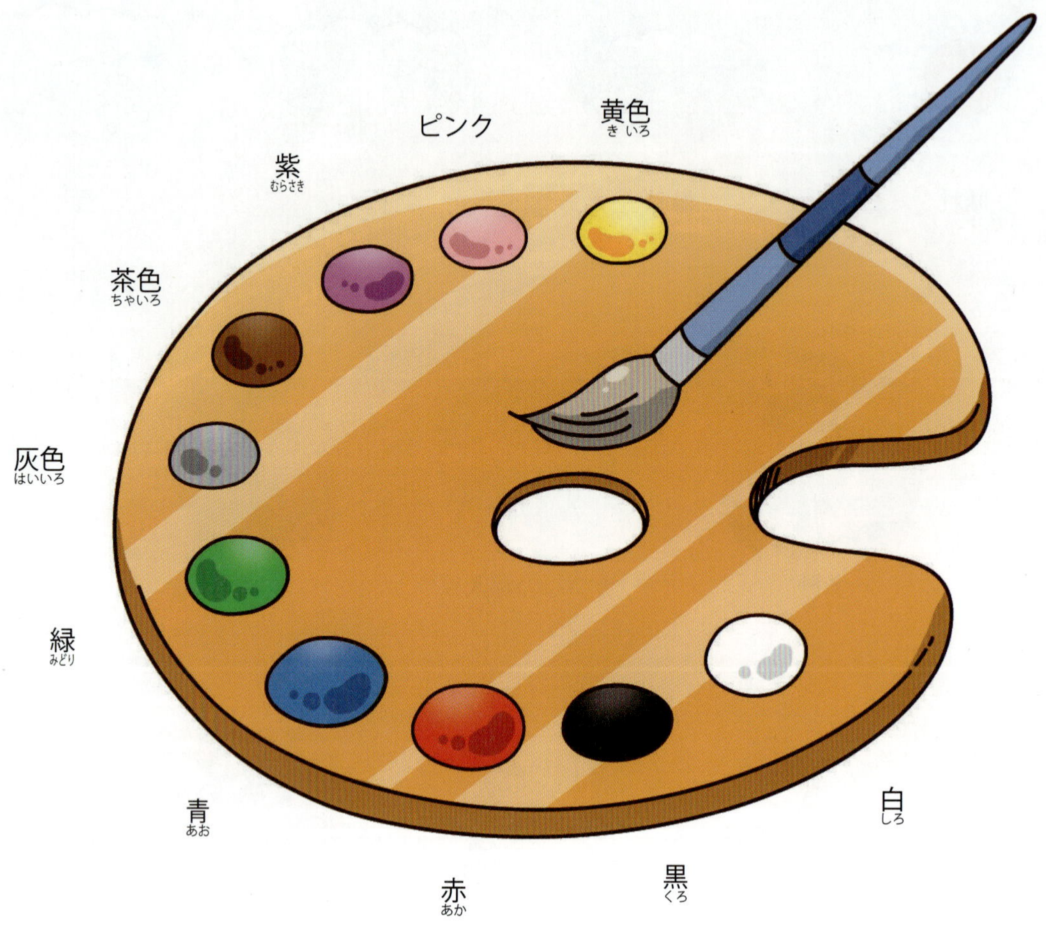

색깔 수식어	뜻	색깔 수식어	뜻
鮮やかな あざ	선명한	くすんだ	흐릿한
明るい あか	밝은	薄い うす	엷은, 옅은
暗い くら	어두운	濃い こ	짙은

2 일본 한자

한자 문화권에 속해 있는 일본은 초등학교 때부터 한자 교육을 실시하고 있다. 획이 많고 복잡한 한자는 간략화하여 약자(略字)로 사용하고 있으며, 일본에서 새롭게 만든 한자인 국자(国字)도 있다.

❶ 약자(略字) : 신자체(新字体)라고 하며 약 500자 정도가 쓰이고 있다.

약자(新字体)	정자(旧字体)	일본어 훈/음	훈/음
体	體	からだ／たい	몸 체
国	國	くに　／こく	나라 국
昼	晝	ひる　／ちゅう	낮 주
会	會	あう　／かい	모일 회
虫	蟲	むし　／ちゅう	벌레 충
読	讀	よむ　／どく	읽을 독
売	賣	うる　／ばい	팔 매
広	廣	ひろい／こう	넓을 광
当	當	あたる／とう	마땅할 당
糸	絲	いと　／し	실 사
円	圓	まるい／えん	둥글 원
学	學	まなぶ／がく	배울 학

❷ 국자(国字) : 大漢和辭典에 140자가 수록되어 있으며 아래 제시된 한자는 상용한자에 포함되어 있다.

일본에서 만든 한자(国字)	발음	뜻	일본에서 만든 한자(国字)	발음	뜻
峠	とうげ	산마루	辻	つじ	사거리
畑	はたけ	밭	俥	くるま	인력거
働	はたら（く）	일하다	枠	わく	테두리
込	こ（む）	혼잡하다	匂	にお（い）	냄새
匁	もんめ	무게를 세는 단위	躾	しつけ	예의범절, 가정교육

다음의 문장을 읽고 해석해 봅시다.

❶ こちらは山田さんで、日本人です。

❷ これは図書館で、あれは学生会館です。

❸ 私は高校生じゃありません。

❹ 森さんは今年4年生になりました。

❺ 山下さんは日本語の先生で、キムさんは英語の先生です。

❻ 食堂は午前11時から午後2時までです。

❼ 教室に学生が20人います。

❽ つくえの上にボールペンが5つあります。

❾ かばんの中には何もありません。

❿ いすの下に犬がいます。

⓫ 今日はいい天気です。

⓬ 高いビルや車が多いです。

⓭ 富士山は有名な山です。

⓮ 日本語はむずかしいですが、おもしろいです。

⓯ くつが小さくて、足が痛いです。

⓰ ソウルは大阪ほど暑くありません。

⑰ 人は多かったですが、とても楽しかったです。

⑱ 顔が赤くなりました。

⑲ ぼくは勉強より運動のほうがとくいです。

⑳ 韓国語は上手です。でも、中国語は下手です。

㉑ 中村さんはあまり元気ではありませんでした。

㉒ 夏休みは国へ帰ります。

 ㉓ 家から学校まで電車で1時間ぐらいかかります。

㉔ 土曜日には友だちに会いたいです。

㉕ 毎日公園で運動をします。

㉖ 夏休みに母と旅行するつもりです。

㉗ 今朝、何時に起きましたか。

㉘ ゆうべ、彼と映画を見ました。

㉙ 町を歩きながら、おいしいものをたくさん食べました。

㉚ すぐ行きますから、もう少し待ってください。

㉛ 明日は日曜日ですから、ゆっくり休みましょう。

㉜ 昨日のパーティーには50人も来ました。

㉝ 毎朝新聞を読みますが、今日は読みませんでした。

イ・ハナ

이 하나. 한국 출신.
일본의 대학에서 유학 중.

たくや

다쿠야. 하루카의 친구.
축구부 활동 중.

はるか

하루카. 오키나와 출신.
하나의 룸메이트.

３キロも
太ってしまいました。

- 日本のドラマを見ています。
- 朝起きてから、母にメールを送りました。
- 大学生になってから、
  ３キロも太ってしまいました。
- 彼が来なくて心配しました。

〈본문〉

- 太る 살찌다
- 方言 방언
- 意味 의미
- うどん 우동
- めいぶつ 명물
- あっさり 담백함
- 味 맛
- こい 진하다
- 苦い 쓰다
- 気をつける 조심하다

〈1단계〉

- かぜをひく 감기에 걸리다
- おどろく 놀라다
- 船 배
- はし 젓가락
- 仕事 일

〈2단계〉

- いろいろな 여러가지, 다양한
- こと 것
- 調べる 조사하다
- 数学 수학
- 教える 가르치다
- 送る 보내다
- 授業 수업
- 終わる 끝나다
- せつめいしょ 설명서
- よく 잘
- お菓子 과자
- 全部 전부
- ～中に ~중으로
- すぐ 곧
- やる 하다
- 半分 절반
- のこす 남기다
- 見つかる 발견되다

〈3단계〉

- 困る 곤란하다
- 合格 합격
- がっかり 실망(하는 모양)
- さら 접시
- なくす 잃다
- 忘れる 잊다
- けんか 다툼, 싸움
- わかる 알다
- 大変だ 힘들다
- 着る 입다
- めがね 안경
- かける 쓰다, 걸다
- はく (바지를) 입다
- ぼうし 모자
- かぶる 쓰다
- 茶色い 갈색(빛)이다
- 腕時計 손목시계

- キロ 킬로(그램)
- メンソーレー 멘소레
- ソーキそば 소키 소바
- スープ 스프
- ゴーヤ 고야
- ダイエット 다이어트
- エッセー 에세이, 수필
- ズボン 바지
- ピンク 핑크

- 沖縄 오키나와
- 人気 인기
- 料理 요리
- 野菜 야채, 채소
- 話 이야기
- 聞く 듣다
- 乗る 타다
- 使う 사용하다
- ご飯 밥
- 昼 낮
- 書く 쓰다
- お父さん 아버지
- 高校 고등학교
- いっぱい 한 잔
- 飲む 마시다
- 始める 시작하다
- 時間 시간
- 心配 걱정
- 試験 시험
- できる 할 수 있다
- 音楽 음악
- 洗う 씻다
- 宿題 숙제
- 寝る 자다
- 辛い 맵다
- 漢字 한자

※ 신 다이어트 초급 1 기출 단어

3キロも太ってしまいました。

01

오키나와 출신인 하루카는 하나에게 오키나와의 이곳저곳을 안내한다.

ハナ	あの人は何と言っていますか。
はるか	「メンソーレー」です。
	沖縄の方言で「いらっしゃいませ」という意味です。
ハナ	おもしろいですね。
	となりの人が食べているのは、うどんですか。
はるか	いいえ、あれはうどんじゃなくて、ソーキそばといいます。
	沖縄のめいぶつで、あっさり味のスープが人気ですよ。
ハナ	沖縄料理は味がこくなくて、とてもおいしいです。
	ここに来てから、3キロも太ってしまいました。
はるか	このゴーヤという野菜は太らなくて、
	ダイエットにいいですよ。
	でも、苦いですから気をつけてくださいね。

1 단계 알기

❶ 동사의 음편형과 ～て／～た／～たり

동사의 음편(音便) : 5단 동사에 「て／た／たり」가 접속할 때 발음의 편의상 음운변화가 일어나는 것.

종류	기본형	만드는 법	～て	～た	～たり
5단 동사 (1그룹 동사)	使う 待つ 送る ＊行く	う・つ・る → って	使って 待って 送って ＊行って	使った 待った 送った ＊行った	使ったり 待ったり 送ったり ＊行ったり
	死ぬ 飲む 遊ぶ	ぬ・む・ぶ → んで	死んで 飲んで 遊んで	死んだ 飲んだ 遊んだ	死んだり 飲んだり 遊んだり
	歩く 泳ぐ	く → いて ぐ → いで	歩いて 泳いで	歩いた 泳いだ	歩いたり 泳いだり
	話す	す → して	話して	話した	話したり
1단 동사 (2그룹 동사)	着る 教える 寝る	る → て	着て 教えて 寝て	着た 教えた 寝た	着たり 教えたり 寝たり
변격 동사 (3그룹 동사)	する 来る	する → して 来る → 来て	して 来て	した 来た	したり 来たり

❷ ～て의 용법

• 두 개의 문장이 이어질 때, ① 순서, ② 이유, ③ 수단・방법, ④ 병렬의 용법으로 쓰인다.

① ~고, ~고 나서 (순서)

예 新聞を読んで、学校へ行きます。

勉強をして、テレビを見ます。

＊이 때,「て／で」다음에「から」를 붙여도 무방하다.

② ~해서, ~고 (이유)

예 かぜをひいて、アルバイトを休みました。

山田さんの話を聞いて、おどろきました。

③ ~해서, ~고 (수단・방법)

예 船に乗って、日本へ行きます。

はしを使って、ご飯を食べます。

④ ~고 (병렬)

예 朝はパンを食べて、昼はご飯を食べます。

今日は遊んで、明日は仕事をします。

1　타동사 ～ています　～하고 있습니다 (진행)

・日本のドラマを見ています。
・エッセーを書いています。
・いろいろなことを調べています。
・A：お父さんは、何をしていますか。
　B：高校で数学を教えています。

2　～てから　～하고 나서

・朝起きてから、母にメールを送りました。
・授業が終わってから、友だちと映画を見に行きました。
・コーヒーをいっぱい飲んでから、勉強を始めます。
・せつめいしょをよく読んでから、使ってください。

3　～てしまう　～해 버리다, ～하고 말다

・お菓子を全部食べてしまいました。
・今日中にやってしまいましょう。
・大学生になってから、3キロも太ってしまいました。
・とてもおもしろくて、すぐ読んでしまいました。

4　～なくて　～하지 않아서

・彼が来なくて、心配しました。
・料理がおいしくなくて、半分のこしました。
・アルバイトが見つからなくて、困っています。
・試験に合格できなくて、がっかりしました。

1 보기와 같이 쓰고 말해 봅시다.

> **보기** 音楽を聞く
>
> 音楽を聞いています。

① さらを洗う → _______________________

② レポートを書く → _______________________

③ 山田さん／ご飯を食べる → _______________________

④ パクさん／本を読む → _______________________

2 보기와 같이 쓰고 말해 봅시다.

> **보기** ボールペン／なくす
>
> **A**：どうしたんですか。
>
> **B**：ボールペンをなくしてしまいました。

① 授業中／寝る **A**：_______________________

 B：_______________________

② 宿題／忘れる **A**：_______________________

 B：_______________________

③ 友だち／けんかをする **A**：_______________________

 B：_______________________

④ ダイエット中／ケーキを食べる **A**：_______________________

 B：_______________________

10大都市（とし）

東京 도쿄	横浜 요코하마	大阪 오사카	名古屋 나고야	札幌 삿포로
とうきょう	よこはま	おおさか	なごや	さっぽろ

3 보기와 같이 쓰고 말해 봅시다.

> 보기 友だちが来る／2時間も待つ
> 友だちが来なくて2時間も待ちました。

① 辛い／おいしい　　　　　　　→ ___________________

② 道がわかる／心配だ　　　　　→ ___________________

③ 友達が元気だ／心配する　　　→ ___________________

④ ラーメンがある／うどんを食べる　→ ___________________

4 보기와 같이 쓰고 말해 봅시다.

> 보기 白いシャツを着る／青いネクタイをする
> キムさんは白いシャツを着て、青いネクタイをしています。

① めがねをかける／黒いズボンをはく
　→ ___________________

② ピアスをする／ピンクのスカートをはく
　→ ___________________

③ 黄色いぼうしをかぶる／赤いくつをはく
　→ ___________________

④ 茶色いセーターを着る／腕時計をする
　→ ___________________

10大都市（とし）

神戸 고베	京都 교토	福岡 후쿠오카	広島 히로시마	仙台 센다이
こうべ	きょうと	ふくおか	ひろしま	せんだい

  CD를 듣고 대화의 내용과 일치하는 그림에 알맞은 이름을 적어 봅시다. 

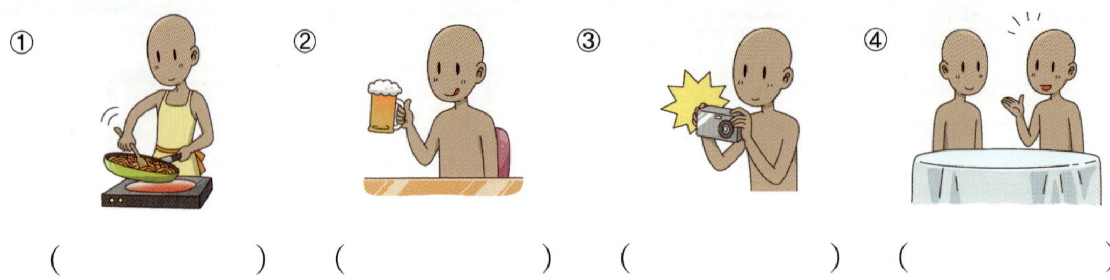

① (　　　　　)　② (　　　　　)　③ (　　　　　)　④ (　　　　　)

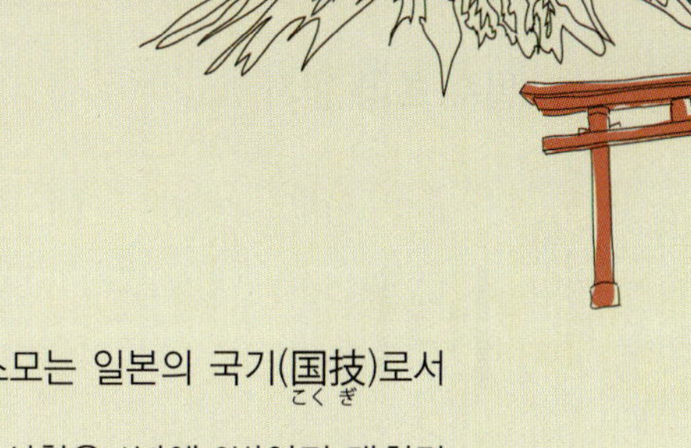

일본의 씨름 「相撲」
_{すもう}

 우리나라의 씨름과 흡사하여 씨름에서 유래했다고도 하는 스모는 일본의 국기(国技)로서
_{こくぎ}
일본에서 그 인기는 상당하다. 보통 프로선수들이 펼치는 정규시합은 1년에 6번이며 대회기
간은 한 대회당 15일이다. 시합은 토너먼트 형식으로 하루에 1번 경기를 하게 되며, 한 선수
당 총 15번의 시합을 하여 가장 많이 이긴 선수가 우승을 하게 된다.

 경기장은 54㎝정도의 높이에 있는 직경 4.55m의 원형 모래판(土俵)에서 상대 선수를 원 밖
_{どひょう}
으로 밀어내거나 쓰러뜨리는 힘겨루기 경기로 그 기술은 70여 가지라고 한다. 선수들은 서
로 시합하기 전에 소금을 뿌리며 모래판에 오르는데, 이는 부정을 타지 말라는 의미와 부상
시 살균의 효과도 있기 때문이라고 한다. 선수에 따라 소금을 뿌리는 모습이 매우 특이하고
다양하여 이를 보는 것만으로도 재미가 있다. 또한 스모는 체급이 없기 때문에 때에 따라서
는 몸무게가 수십kg이나 차이가 나는 두 선수가 경기를 벌이기도 하여 마치 어른과 아이가
경기하는 것 같은 재미있는 광경도 볼 수가 있다.

 일본 음식점에 가면 창코나베(ちゃんこなべ)라는 메뉴가 있는데, 이는 냄비에 여러 종류
의 고기와 야채를 큼직하게 토막내어 넣어 익힌 고칼로리의 음식이다. 몸무게 증가가 필수
인 스모 선수들이 잘 먹는 요리 중의 하나이다.

스모

▶ 필수 초급 한자

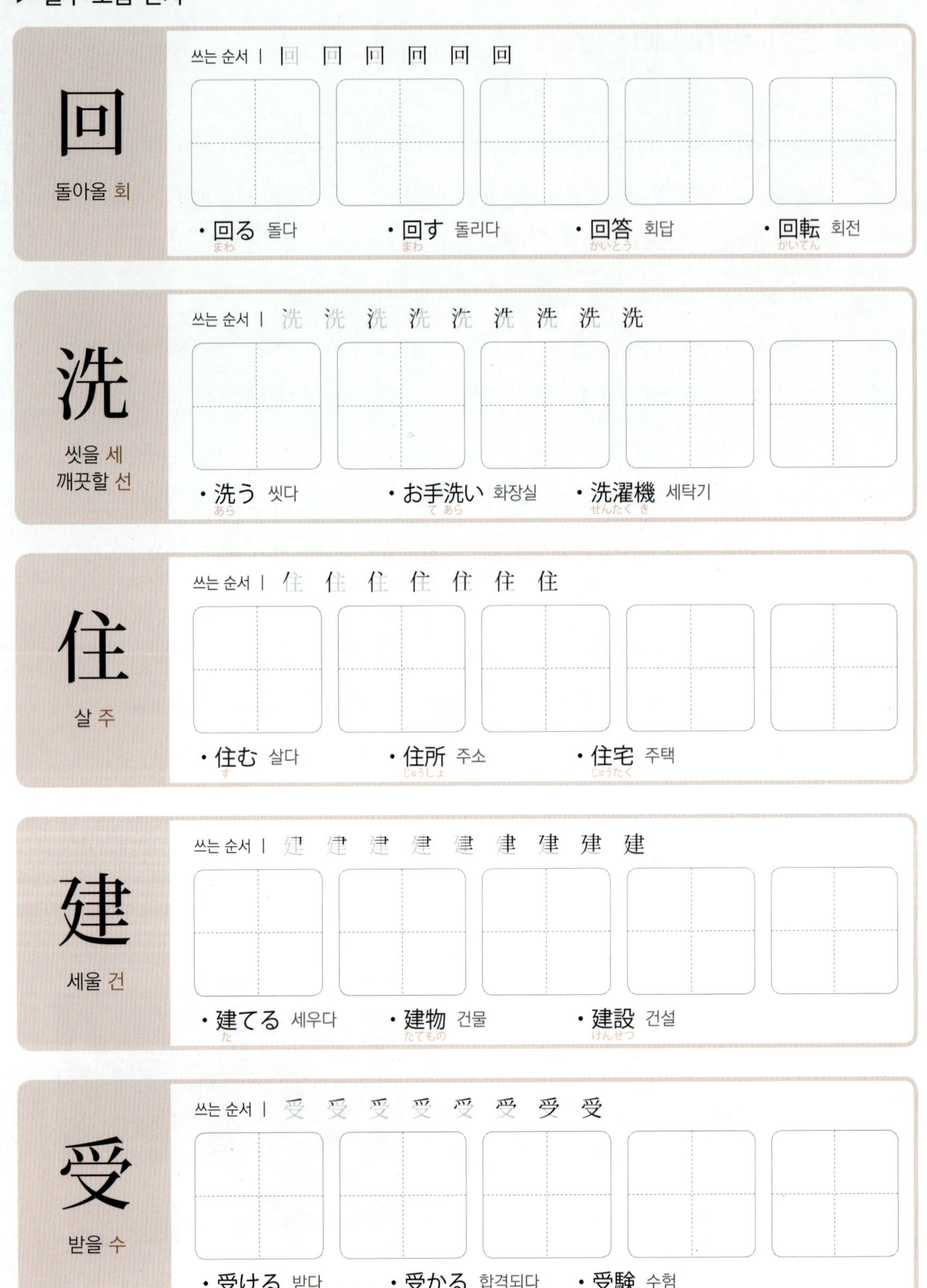

回 돌아올 회

쓰는 순서 | 回 回 回 回 回 回

・回る 돌다
　まわ
・回す 돌리다
　まわ
・回答 회답
　かいとう
・回転 회전
　かいてん

洗 씻을 세 / 깨끗할 선

쓰는 순서 | 洗 洗 洗 洗 洗 洗 洗 洗 洗

・洗う 씻다
　あら
・お手洗い 화장실
　　てあら
・洗濯機 세탁기
　せんたく き

住 살 주

쓰는 순서 | 住 住 住 住 住 住 住

・住む 살다
　す
・住所 주소
　じゅうしょ
・住宅 주택
　じゅうたく

建 세울 건

쓰는 순서 | 建 建 建 建 建 建 建 建 建

・建てる 세우다
　た
・建物 건물
　たてもの
・建設 건설
　けんせつ

受 받을 수

쓰는 순서 | 受 受 受 受 受 受 受 受

・受ける 받다
　う
・受かる 합격되다
　う
・受験 수험
　じゅけん

02

みんなで踊ったり
花火を見たりします。

- 教室と図書館を行ったり来たりしました。
- お金があったらコンピューターを買いたいです。
- 左に曲がると花屋があります。
- 友だちの家に行く前に電話をします。
- テストが終わった後、遊びに行きたいです。

〈본문〉

- みんなで 다 같이, 함께
- 踊る 춤추다
- 花火 불꽃
- 祭り 마츠리, 축제
- まっすぐ 똑바로
- 中止 중지
- 大雨 호우
- たぶん 아마

〈1단계〉

- 薬 약
- もし 혹시, 만약

〈2단계〉

- 掃除 청소

- 都合がいい 형편이 되다
- ねだん 가격
- ひまだ 한가하다
- 一緒に 같이, 함께
- たす 더하다
- 押す 밀다
- 音 소리
- 曲がる 돌다, 꺾다
- 答え 대답
- もう一度 다시 한번
- 考える 생각하다
- おふろ 욕실, 목욕

〈3단계〉

- 化粧 화장

- 作る 만들다
- 浴びる (샤워를) 하다
- 受ける 받다
- 宝くじ 복권
- 当たる 맞다, 당첨되다
- ひろう 줍다
- 交番 경찰서
- 芸能人 연예인
- 彼氏 남자친구
- 他の人 다른 사람
- 別れる 헤어지다
- 習う 배우다

- エイサー 에이사
- ボタン 버튼

- テスト 테스트
- シャワー 샤워

- カフェ 카페

- どんな 어떤
- 前 전, 앞
- 右 오른쪽
- 近い 가깝다
- 先に 먼저
- あっ 앗
- 空 하늘
- 少し 조금
- 暗い 어둡다

- 大丈夫だ 괜찮다
- 安い 싸다
- 買い物 쇼핑, 장 보기
- 先週 저번 주
- 寒い 춥다
- お金 돈
- うち 우리집
- 同じだ 같다
- 大きい 크다

- 週末 주말
- 花屋 꽃집
- 電話 전화
- 入る 들어가(오)다
- 手 손
- 写真 사진
- とる 찍다
- 冬休み 겨울방학(휴가)
- 忙しい 바쁘다

※ 신 다이어트 초급 1 기출 단어

03

하나와 하루카는 오키나와의 전통 마츠리 구경을 나선다.

はるか	今日はお祭りへ行きましょうか。
ハナ	いいですね。どんなお祭りですか。
はるか	エイサーというお祭りです。
	みんなで踊ったり花火を見たりします。
ハナ	お祭りへ行く前にコンビニへ行きたいんですが。
はるか	ここをまっすぐ行くと右にコンビニがあります。
	近いですから、先にコンビニへ行ってから、花火を見ましょう。
ハナ	あっ、空が少し暗いですね。雨が降ったら中止ですか。
はるか	大雨になったら中止ですが、今日はたぶん大丈夫でしょう。
	花火を見た後、飲みに行きましょう。

1 **동사의 명사 수식**

기본형	① 기본형 + 명사	～た	② た + 명사
行く	行く　人	行った	行った　人
飲む	飲む　人	飲んだ	飲んだ　人
帰る	帰る　人	帰った	帰った　人
起きる	起きる　前	起きた	起きた　後
寝る	寝る　前	寝た	寝た　後
する	する　前	した	した　後

예 この薬はご飯を**食べる前**に飲みます。

食べた後、すぐ寝ると太ります。

2 **가정조건　～たら／～と**　～라면　　　　(부록 146쪽 참조)

• 「たら」는 우연성이 강한 가정 표현으로 「만일 ~면」이라는 의미로 쓰이고, 「と」는 필연성이 강한 가정 표현으로 「~면 반드시 ~한다」의 의미로 쓰인다. 다만 회화체 표현에서는 「と」의 상황도 「たら」를 사용하는 경우가 많다.

예 今度の土曜日、もし天気がよかっ**たら**山へ行きましょう。

学生**だと**30％安くなります。

1　〜たり〜たりします　　~하거나 ~하거나 합니다

- 教室と図書館を行っ**たり**来**たり**しました。
- 昨日は買い物し**たり**友だちとご飯を食べ**たりし**ました。
- 日曜日は、本を読ん**だり**掃除をし**たりします**。
- 先週は暑かっ**たり**寒かっ**たりしました**。

2　〜たら　　~하면

- お金があっ**たら**コンピューターを買いたいです。
- 明日、都合がよかっ**たら**うちへ遊びに来てください。
- ねだんが同じだっ**たら**大きいケーキにしましょう。
- 週末、ひまだっ**たら**一緒に買い物しませんか。

3　〜と　　~하면

- 2に3をたす**と**5になります。
- このボタンを押す**と**音が大きくなります。
- 左に曲がる**と**花屋があります。
- 私はお酒を飲む**と**顔が赤くなります。

4　〜（する）前に／〜（した）後　　~(하기) 전에 / ~(한) 후에

- 友だちの家に行く**前に**電話をします。
- 答えを見る**前に**もう一度考えましょう。
- 運動をした**後**、おふろに入ります。
- テストが終わった**後**、遊びに行きたいです。

1 보기와 같이 쓰고 말해 봅시다.

> **보기** 遊ぶ／宿題をする
> 遊ぶ<u>前に</u>宿題をします。

① ご飯を食べる／手を洗う

→ ____

② 学校に行く／新聞を読む

→ ____

③ デートをする／化粧をする

→ ____

④ パーティーをする／ケーキを作る

→ ____

2 보기와 같이 쓰고 말해 봅시다.

> **보기** ご飯を食べる／薬を飲む
> → ご飯を食べ<u>た後</u>、薬を飲みます。
> → ご飯を食べ<u>てから</u>、薬を飲みます。

① 運動する／シャワーを浴びる

→ ____

→ ____

② 授業を受ける／図書館に行く

→ ____

→ ____

時代区分	※～時代 ～시대			
平成 へいせい 헤이세이(1989~)	昭和 しょうわ 쇼와(1926-1989)	大正 たいしょう 다이쇼(1912~1926)	明治 めいじ 메이지(1868~1912)	江戸 えど 에도(1603~1868)

③ 買い物をする／料理を作る

→ _______________________________________

→ _______________________________________

④ 勉強する／テレビを見る

→ _______________________________________

→ _______________________________________

3 보기와 같이 쓰고 말해 봅시다.

> **보기** 雨が降る／家で遊ぶ
>
> **A**：雨が降ったらどうしますか。
>
> **B**：雨が降ったら家で遊びます。

① 宝くじに当たる／パソコンを買う

A： _______________________________________

B： _______________________________________

② お金をひろう／交番に行く

A： _______________________________________

B： _______________________________________

③ 芸能人に会う／写真をとる

A： _______________________________________

B： _______________________________________

④ 彼氏が他の人と遊ぶ／別れる

A： _______________________________________

B： _______________________________________

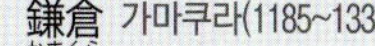

時代区分				
安土桃山 アヅチモモヤマ あづちももやま (1573~1603)	室町 무로마치(1336~1573) むろまち	鎌倉 가마쿠라(1185~1333) かまくら	平安 헤이안(794~1185) へいあん	奈良 나라(710~794) なら

4 보기와 같이 쓰고 말해 봅시다.

> 보기 ひまな時／テレビを見る・本を読む
>
> A：ひまな時、何をしますか。
>
> B：テレビを見たり本を読んだりします。

① 週末／買い物する・友だちに会う

A：＿＿＿＿＿＿＿＿＿＿＿＿＿＿＿＿＿＿＿＿＿

B：＿＿＿＿＿＿＿＿＿＿＿＿＿＿＿＿＿＿＿＿＿

② デートの時／映画を見る・カフェへ行く

A：＿＿＿＿＿＿＿＿＿＿＿＿＿＿＿＿＿＿＿＿＿

B：＿＿＿＿＿＿＿＿＿＿＿＿＿＿＿＿＿＿＿＿＿

③ 冬休み／日本語を習う・旅行する

A：＿＿＿＿＿＿＿＿＿＿＿＿＿＿＿＿＿＿＿＿＿

B：＿＿＿＿＿＿＿＿＿＿＿＿＿＿＿＿＿＿＿＿＿

④ 授業の後／図書館へ行く・アルバイトをする

A：＿＿＿＿＿＿＿＿＿＿＿＿＿＿＿＿＿＿＿＿＿

B：＿＿＿＿＿＿＿＿＿＿＿＿＿＿＿＿＿＿＿＿＿

5 CD를 듣고 질문에 알맞은 답을 적어 봅시다. 🎧 04

① 山田さんはひまな時、何をしますか。

＿＿＿＿＿＿＿＿＿＿＿＿＿＿＿＿＿＿＿＿＿

② 昨日、アンさんはデートで何をしましたか。

＿＿＿＿＿＿＿＿＿＿＿＿＿＿＿＿＿＿＿＿＿

③ キムさんはどうして忙しいですか。

＿＿＿＿＿＿＿＿＿＿＿＿＿＿＿＿＿＿＿＿＿

결혼식 피로연에도 1차와 2차가 있다

　세계 어디를 막론하고 결혼식은 가장 즐거운 행사이다. 그렇기 때문에 많은 사람들의 축하가 있고, 이를 위해 하객을 초대하여 결혼식과 피로연을 열게 된다. 그러나 그 형태나 방식은 나라마다 큰 차이가 있는 듯하다.

　유학시절 저자는 일본인 친구로부터 어느 한 호텔에서 이루어지는 결혼식 피로연의 초대장을 받았다. 결혼식은 신사(神社)에서 가족과 가까운 친척이 참석하는 정도로 치루어졌고, 저자가 초대를 받은 것은 피로연이었다. 초대장에는 참석 여부를 꼭 알려 달라는 칸이 있고 1인당 회비는 1만엔(약 10만원)이라고 적혀 있었다. 우리나라의 경우는 청첩장에는 '언제, 어디서, 누구와' 정도의 항목만이 있을 뿐이고, 모든 것이 참석자의 자율에 맡겨지는 반면, 일본은 너무나 달라서 가난한 유학생 처지에 회비가 마음에 걸렸던 기억이 있다.

　피로연 또한 독특했다. 1차 피로연과 2차 피로연이 있었는데, 1차 피로연에는 양가의 가족과 가까운 친척, 그리고 소수의 절친한 친구가 초대를 받고 2차 피로연에는 그 외의 사람들이 초대를 받는 듯 했다. 자신은 신랑과 꽤 친하다고 생각했는데 2차에 초대되었다면 어떨까하는 생각이 들었다. 가끔은 초대되기 전에 자신은 1차일 것이다 또는 2차일 것이다 하며 서로 추측해 보는 재미있는 광경도 볼 수 있었으니 우리네 정서와는 사뭇 다른 점이 있다. 한정된 장소 탓이라고는 짐작이 되지만 상황이 이렇다보니 서운한 관계도 생겨날 듯 싶다.

결혼식 피로연

▶ 필수 초급 한자

指 가리킬 지

쓰는 순서 | 指 指 指 指 指 指 指 指 指

- **指す** 가리키다
- **指示** 지시
- **指導** 지도

育 기를 육

쓰는 순서 | 育 育 育 育 育 育 育 育

- **育つ** 자라다
- **育てる** 기르다
- **体育** 체육

運 옮길 운

쓰는 순서 | 運 運 運 運 運 運 運 運 運 運 運 運

- **運ぶ** 옮기다
- **運動** 운동
- **運転** 운전

走 달릴 주

쓰는 순서 | 走 走 走 走 走 走 走

- **走る** 달리다
- **ご馳走** 대접
- **走行** 주행

習 배울 습

쓰는 순서 | 習 習 習 習 習 習 習 習 習 習 習

- **習う** 배우다
- **習得** 습득
- **習慣** 습관

お土産を
買いすぎました。

- 田中さんはあそこに座っています。
- その下にねだんがつけてあります。
- イさんのペンは書きやすいですね。
- このパンはかたくて食べにくいです。
- 昨日はお酒を飲みすぎました。

〈본문〉

- お土産（みやげ） 선물, 특산품
- すぎる 지나치다
- つく 붙다
- 軽い（かるい） 가볍다
- それに 게다가
- あれ？ 어라?
- わりびき 할인
- 汚れる（よごれる） 더러워지다

〈1단계〉

- 字（じ） 글자
- 加藤（かとう） 가토 (일본인의 성)
- 紙（かみ） 종이
- ぬれる 젖다
- もえる 타다

〈2단계〉

- 座る（すわる） 앉다
- こわれる 망가지다
- 働く（はたらく） 일하다
- 飛行機（ひこうき） 비행기
- 飛ぶ（とぶ） 날다
- 連絡先（れんらくさき） 연락처
- おく 두다, 놓다
- 冷蔵庫（れいぞうこ） 냉장고
- 少ない（すくない） 적다
- かたい 딱딱하다
- 発音（はつおん） 발음
- 疲れる（つかれる） 지치다
- 校長（こうちょう） 교장
- 本当に（ほんとうに） 정말로
- たいくつだ 지루하다
- 時々（ときどき） 때때로

〈3단계〉

- 窓（まど） 창문
- 並べる（ならべる） 늘어놓다
- こわい 무섭다
- おぼえる 외우다
- 町（まち） 마을
- 住む（すむ） 살다
- 交通（こうつう） 교통
- 眠い（ねむい） 졸리다
- ゆれる 흔들리다
- 気分（きぶん） 기분
- 悪い（わるい） 나쁘다
- 気分が悪い（きぶんがわるい） 속이 안 좋다
- せまい 좁다
- たまる 쌓이다

- ポケット 주머니
- ドア 문
- メモ 메모

- ハンバーガー 햄버거
- ケータイ 휴대전화
- フェリー 페리

- ストレス 스트레스
- アドバイス 조언, 충고

- 店（みせ） 가게
- もう 더
- たくさん 많이
- 思う（おもう） 생각하다
- 水（みず） 물
- 強い（つよい） 강하다
- いくら 얼마
- 小学生（しょうがくせい） 초등학생

- 今（いま） 지금
- 東京（とうきょう） 도쿄
- 泳ぐ（およぐ） 헤엄치다
- 長い（ながい） 길다
- 彼女（かのじょ） 그녀
- 親切だ（しんせつだ） 친절하다
- 時計（とけい） 시계
- 部屋（へや） 방

- 重い（おもい） 무겁다
- やさしい 상냥하다, 다정하다
- かんたんだ 간단하다
- ふくざつだ 복잡하다
- 便利だ（べんり） 편리하다
- 不便だ（ふべん） 불편하다
- 頭（あたま） 머리

※ 신 다이어트 초급 1 기출 단어

오키나와 여행 중에 선물을 많이 사서 짐이 많아진 하나는 가방을 한 개 더 사기로 한다.

ハナ　　　　どうしましょう。ちょっとお土産を買いすぎました。

　　　　　　このかばんは小さすぎて全部入りません。

はるか　　　そこの店でもう一つかばんを買いましょうか。

　　　　　　（お店で）

ハナ　　　　これはどうですか。ポケットがたくさんついています。

はるか　　　いいですね。大きくて軽いですから、使いやすいと思いますよ。

　　　　　　それに水に強いと書いてあります。

ハナ　　　　あれ？ ねだんがついていません。いくらでしょうか。

はるか　　　ああ、かばんの中に入っています。5わりびきで1500円です。

ハナ　　　　安いですね。

はるか　　　汚れにくいですから、黒いのはどうですか。

ハナ　　　　そうですね。黒いのにします。

1 **자동사와 타동사의 형태** (부록 153쪽 참조)

자동사	의미	타동사	의미
開く	열리다	開ける	열다
つく	켜지다	つける	켜다
止まる	멈추다	止める	세우다
閉まる	닫히다	閉める	닫다
出る	나가(오)다	出す	내다
落ちる	떨어지다	落とす	떨어뜨리다

2 **〜ている／〜てある** ~고 있다 / ~어 있다

동사에 「〜ている／〜てある」가 접속하여 진행과 상태의 의미를 나타낸다.

	예	형태	의미
ている	ドアを開けている	타동사 + ている	~고 있다 (진행, 27쪽 참조)
	ドアが開いている 車が走っている	자동사 + ている	~어 있다 (상태) ~고 있다 (진행)
てある	ドアが開けてある	타동사 + てある	~어 있다 (상태)
	ドアが開いてある（×）	자동사 + てある（×）	（×）

예 ドアが開い**ている**。(문이 저절로 열려 있는 상태)

ドアが開け**てある**。(누군가에 의해 문이 인위적으로 열려있는 상태)

3 **〜やすい／〜にくい** ~하기 쉽다 / ~하기 어렵다

- 동사 + やすい : ~하기 쉽다
  예 この本は字が大きくて**読みやすい**。

  加藤先生の授業は**わかりやすい**です。

- 동사 + にくい : ~하기 어렵다, ~하기 곤란하다
  예 この本は小学生には**読みにくい**です。

  この紙はぬれているので**もえにくい**です。

1　자동사 ～ています　~어 있습니다 (상태) / ~고 있습니다 (진행)

・田中さんはあそこに座っています。
・彼は今、東京に行っています。
・いすがこわれていますから、使わないでください。
・コンビニで働いています。
・飛行機が飛んでいます。

2　타동사 ～てあります　~어 있습니다 (상태)

・ここに連絡先が書いてあります。
・つくえの上にメモがおいてあります。
・その下にねだんがつけてあります。
　その下にねだんがついています。
・冷蔵庫にビールが入れてあります。
　冷蔵庫にビールが入っています。

3　～やすい／～にくい　~하기 쉽다 / ~하기 어렵다

・イさんのペンは書きやすいですね。
・あそこのプールは人が少なくて、泳ぎやすいです。
・このパンはかたくて食べにくいです。
・中国語は発音しにくいです。

4　～すぎる　지나치게 ~하다

・昨日はお酒を飲みすぎました。
・先週は働きすぎて疲れました。
・校長の話は長すぎて本当にたいくつです。
・彼女は親切すぎて時々困るんです。

1 보기와 같이 쓰고 말해 봅시다.

> **보기** つく／つける
> テレビがつい<u>てい</u>ます。　（つく）
> テレビがつけ<u>てあり</u>ます。（つける）

① 止まる／止める
→ ____
→ ____

② 消える／消す
→ ____
→ ____

③ 開く／開ける
→ ____
→ ____

④ 入る／入れる
→ ____
→ ____

2 보기와 같이 질문에 알맞은 답을 골라 봅시다.

> **보기** 開く
> 窓が開いて（います　・　あります）

① かける　→　部屋の後ろに時計がかけて（います　・　あります）

② 入る　→　カバンの中にボールペンが入って（います　・　あります）

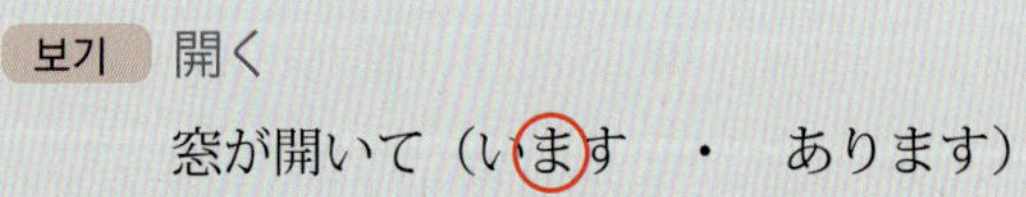

文房具（ぶんぼうぐ）

鉛筆 연필	ボールペン 볼펜	シャーペン 샤프(펜슬)	消しゴム 지우개	修正テープ 수정 테이프

③ 並べる → 本が並べて（います ・ あります）

④ 汚れる → 部屋が汚れて（います ・ あります）

3　보기와 같이 동사에「やすい・にくい」를 사용하여 쓰고 말해 봅시다.

> | 보기 | ハンバーガー／食べる（小さい・大きい）
> A：このハンバーガーは食べやすいですか。
> B1：はい、小さくて食べやすいです。
> B2：いいえ、大きくて食べにくいです。

① ケータイ／使う（軽い・重い）

A ：＿＿＿＿＿＿＿＿＿＿＿＿＿＿＿＿＿＿＿＿＿

B1 ：＿＿＿＿＿＿＿＿＿＿＿＿＿＿＿＿＿＿＿＿

B2 ：＿＿＿＿＿＿＿＿＿＿＿＿＿＿＿＿＿＿＿＿

② キムさん／話す（やさしい・こわい）

A ：＿＿＿＿＿＿＿＿＿＿＿＿＿＿＿＿＿＿＿＿＿

B1 ：＿＿＿＿＿＿＿＿＿＿＿＿＿＿＿＿＿＿＿＿

B2 ：＿＿＿＿＿＿＿＿＿＿＿＿＿＿＿＿＿＿＿＿

③ この漢字／おぼえる（かんたんだ・ふくざつだ）

A ：＿＿＿＿＿＿＿＿＿＿＿＿＿＿＿＿＿＿＿＿＿

B1 ：＿＿＿＿＿＿＿＿＿＿＿＿＿＿＿＿＿＿＿＿

B2 ：＿＿＿＿＿＿＿＿＿＿＿＿＿＿＿＿＿＿＿＿

④ この町／住む（交通が便利だ・交通が不便だ）

A ：＿＿＿＿＿＿＿＿＿＿＿＿＿＿＿＿＿＿＿＿＿

B1 ：＿＿＿＿＿＿＿＿＿＿＿＿＿＿＿＿＿＿＿＿

B2 ：＿＿＿＿＿＿＿＿＿＿＿＿＿＿＿＿＿＿＿＿

文房具（ぶんぼうぐ）

はさみ 가위　　　カッター 칼　　　定規 자　　　ホッチキス 스테이플러　　　ポストイット 포스트잇
（じょうぎ）

4 보기와 같이 쓰고 말해 봅시다.

> 보기 勉強する／頭が痛い
> 勉強し<u>すぎて</u>頭が痛いです。

① 歩く／足が痛い

→ ____

② 食べる／眠い

→ ____

③ フェリーがゆれる／気分が悪い

→ ____

④ 部屋がせまい／ストレスがたまる

→ ____

5 CD를 듣고 질문에 알맞은 답을 적어 봅시다. 🎧 06

① 田中さんはどうして元気がありませんか。

____

② 田中さんは何を飲みましたか。

____

③ パクさんは田中さんにどのようなアドバイスをしましたか。

_______________________________とこれからは飲みすぎないことです。

에스컬레이터, 오사카는 왼쪽을 비워둔다.
그렇다면 도쿄는?

도쿄(東京)와 오사카(大阪)는 기질이나 언어, 문화 등이 상당히 다르다.

도쿄에서는 에스컬레이터에서 급한 사람을 위해 오른쪽을 비워두지만, 오사카에서는 왼쪽이다. 왜 이렇게 다른 것일까?

1971년에 한큐전철(阪急電鉄)이 우메다역(梅田駅)에 에스컬레이터와 무빙워크를 도입했을 때, 일본인은 오른손잡이가 많아 난간을 오른손을 잡게 되기 때문에 "급한 사람은 왼쪽으로 가세요"라고 방송한 것이 시초였다고 한다.

그러나 일본의 좌측통행 역사는 뿌리가 깊어서, 무가(武家) 사회에까지 거슬러 올라간다. 무사가 우측통행을 하면 검의 칼집끼리 서로 부딪혀 싸움이 일어나고 만다. 이것을 막기 위해서 좌측통행을 하게 된 것이다. 말하자면 일본에서는 오랫동안 좌측이 급행 코스였던 것이다. 그 급행 코스를 도쿄에서는 서두를 필요가 없는 사람이 사용하고, 오사카에서는 반대로 급한 사람이 사용한 셈이다. 그 이유를 오사카에서는 바쁜 사람이 멋있어 보이고, 도쿄에서는 느긋한 사람이 멋있어 보이기 때문이라고 설명하는 사람도 있다.

현재 일본의 도로교통법에는 사람은 우측, 차량은 좌측 통행으로 되어 있다. 이것에 따르면 에스켈레이터에서 오른쪽을 비워두는 것이 맞다. 1949년 도로교통법 개정으로 인도가 우측통행으로 바뀌고 정부에서 적극적으로 홍보하기도 하였지만, 오사카에서는 우측 통행이 좀처럼 지켜지지 않는다고 한다. 이것은 강요하면 오히려 반발하는 오사카인의 기질이 드러난 대목이라 할 수도 있을 것이다.

도쿄 에스컬레이터

▶ 필수 초급 한자

投 던질 투

쓰는 순서 | 投 投 投 投 投 投 投

· 投げる 던지다　· 投手 투수　· 投資 투자

打 칠 타

쓰는 순서 | 打 打 打 打 打

· 打つ 치다　· 打者 타자　· 打率 타율

転 구를 전

쓰는 순서 | 転 転 転 転 転 転 転 転 転 転 転

· 転ぶ 구르다, 넘어지다　· 運転 운전　· 転校 전학

映 비칠 영

쓰는 순서 | 映 映 映 映 映 映 映 映 映

· 映る 비치다　· 映す 비추다　· 映画 영화

答 대답 답

쓰는 순서 | 答 答 答 答 答 答 答 答 答 答 答 答

· 答える 대답하다　· 回答 회답　· 応答 응답

都合がよければ
見に来てください。

- 頭が痛かったんです。
- 日本語は毎日練習すれば上手になります。
- あまり心配しないで楽しんでください。
- 朝ご飯は食べなければなりません。

〈본문〉

- 面接 면접
- 時 때
- お兄さん 오빠, 형
- 兄 (자신의) 오빠, 형
- 〜回 ~회
- 地下 지하
- 〜屋 ~가게
- 練習 연습
- 試合 시합

〈1단계〉

- 予定 예정

〈2단계〉

- どうして 어째서
- 吉田 요시다 (일본인의 성)
- 残業 잔업, 야근
- 急ぐ 서두르다
- 間に合う 시간에 맞다
- 美術館 미술관
- 作り方 만드는 방법
- かさ 우산

- 持つ 가지다
- 出る 나가(오)다
- 楽しむ 즐기다
- 自分 자신
- 約束 약속
- 守る 지키다
- 〜カ月 ~개월
- 準備 준비
- 早く 빨리

〈3단계〉

- 散歩 산책
- 新しい 새롭다
- あなた 당신
- おごる 한턱내다
- 会社 회사
- 閉める 닫다
- 出かける 외출하다, 나가다
- 遅刻 지각
- ねぼう 늦잠
- 飲み会 회식

- エレベーター 엘리베이터
- ルール 룰, 규칙
- モデル 모델

하나는 다쿠야를 만나서 아르바이트 면접 이야기를 한다.

ハナ	昨日、アルバイトの面接でさくらデパートに行ったんです。
	エレベーターに乗る時、お兄さんに会いましたよ。
たくや	今朝、兄にも聞きました。
	ハナさん、アルバイトを始めるんですか。
ハナ	はい。週に３回、地下のパン屋で働くつもりです。
	でも、日曜日にもう一度面接を受けなければなりません。
たくや	ハナさんなら、大丈夫ですよ。日本語が上手ですから。
ハナ	明日から遊びに行かないで面接の練習をします。
たくや	日曜日にサッカーの試合をするんですが、
	都合がよければ見に来てください。
ハナ	わかりました。早く終われば行きますね。

1 가정조건 ～ば

종류	기본형	만드는 법	～ば
5단 동사 (1그룹 동사)	使う 休む 泳ぐ 話す	어미를 え단으로 바꾸고, ば를 붙인다.	使えば 休めば 泳げば 話せば
1단 동사 (2그룹 동사)	着る 教える	る를 빼고 れば를 붙인다.	着れば 教えれば
변격 동사 (3그룹 동사)	する 来る		すれば 来れば
い 형용사	楽しい よい	어간 + ければ	楽しければ よければ
な 형용사	静かだ	어간 + なら (ば)	静かなら (ば)
명사 + だ	休みだ	명사 + なら (ば)	休みなら (ば)

2 ～ないで ～하지 않고

- 동사 + ないで : ~하지 않고, ~하지 않은 상태로 다른 행위를 한다라는 의미로 쓰인다.

  예 宿題をしないで学校に行った。

  　朝ご飯を食べないで来ました。

3 ～つもり／～予定 작정 / 예정

종류	구분	종류	구분
つもり	마음속 예정인 계획 주관적/개인적 의지	予定	미리 정해진 구체적인 계획 객관적

예 夏休みに中国へ行くつもりです。

　明日、9時の飛行機に乗る予定です。

1　～んです　~하거든요

- A：どうして休んだ**ん**です**か**。
  B：頭が痛かった**ん**です。
- A：吉田さんは来ない**ん**です**か**。
  B：今日、残業な**ん**です。
- キムさんに聞きましたが、今週からアルバイトを始める**ん**です**ね**。

2　～ば　~하면

- 日本語は毎日練習すれ**ば**上手になります。
- 急げ**ば**9時のバスに間に合います。
- もし安けれ**ば**買います。安くなけれ**ば**買いません。
- イムさん、土曜日ひまなら **(ば)** 美術館へ行きませんか。
- 作り方がかんたんなら **(ば)** 作ってみたいです。

3　～ないで　~하지 않고

- かさを持た**ないで**家を出ました。
- あまり心配し**ないで**楽しんでください。
- 今朝、何も食べ**ないで**学校へ来ました。
- どこへも行か**ないで**試験勉強をしました。

4　～なければなりません　~해야 합니다

- 朝ご飯は食べ**なければなりません**。
- 自分との約束も守ら**なければなりません**。
- 1カ月前から準備し**なければなりません**。
- 早く起きるためには、早く寝**なければなりません**。

1 보기와 같이 쓰고 말해 봅시다.

보기 映画を見る／時間がある

　　A：映画を見に行きませんか。

　　B：時間があれば行きます。

① 遊ぶ／試験が終わる

　A：＿＿＿＿＿＿＿＿＿＿＿＿＿＿＿＿＿＿＿＿＿＿＿＿＿＿＿

　B：＿＿＿＿＿＿＿＿＿＿＿＿＿＿＿＿＿＿＿＿＿＿＿＿＿＿＿

② 散歩／天気がいい

　A：＿＿＿＿＿＿＿＿＿＿＿＿＿＿＿＿＿＿＿＿＿＿＿＿＿＿＿

　B：＿＿＿＿＿＿＿＿＿＿＿＿＿＿＿＿＿＿＿＿＿＿＿＿＿＿＿

③ ケータイを買う／新しいモデルがある

　A：＿＿＿＿＿＿＿＿＿＿＿＿＿＿＿＿＿＿＿＿＿＿＿＿＿＿＿

　B：＿＿＿＿＿＿＿＿＿＿＿＿＿＿＿＿＿＿＿＿＿＿＿＿＿＿＿

④ ご飯を食べる／（あなたが）おごる

　A：＿＿＿＿＿＿＿＿＿＿＿＿＿＿＿＿＿＿＿＿＿＿＿＿＿＿＿

　B：＿＿＿＿＿＿＿＿＿＿＿＿＿＿＿＿＿＿＿＿＿＿＿＿＿＿＿

肉（にく）・魚（さかな）

牛肉 ぎゅうにく 소고기	豚肉 ぶたにく 돼지고기	鶏肉 とりにく 닭고기	さば 고등어	さんま 꽁치

2 보기와 같이 쓰고 말해 봅시다.

> **보기** 朝ご飯を食べる／学校に来る
> 朝ご飯を食べ<u>ないで</u>学校に来ました。

① 勉強する／試験を受ける

→ _______________________________

② ニュースを見る／会社に行く

→ _______________________________

③ 窓を閉める／出かける

→ _______________________________

④ 韓国に帰る／日本を旅行する

→ _______________________________

3 보기와 같이 쓰고 말해 봅시다.

> **보기** 勉強する
> 試験があるから、勉強し<u>なければなりません</u>。

① 守る　→　スポーツはルールを_______________________________

② 帰る　→　今日は早く_______________________________

③ 行く　→　週末はアルバイトに_______________________________

④ 書く　→　家でレポートを_______________________________

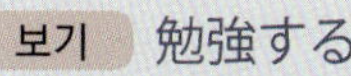

まぐろ 참치	ます 송어	かつお 가다랑어	いか 오징어	かに 게

4　보기와 같이 쓰고 말해 봅시다.

> 보기　学校を休む／かぜをひく
>
> **A**：どうして学校を休んだんですか。
>
> **B**：かぜをひいたんです。

① 遅刻する／ねぼうする

A：____

B：____

② アルバイトを始める／お金がない

A：____

B：____

③ 飲み会に来ない／忘れる

A：____

B：____

④ 早く帰る／頭が痛い

A：____

B：____

5　CD를 듣고 a, b 중 맞는 그림에 ○표를 넣어 봅시다.　08

① a　　　　　b

（　　　　　）　（　　　　　）

② a　　　　　b

（　　　　　）　（　　　　　）

③ a　　　　　b

（　　　　　）　（　　　　　）

기다림과 자투리 시간의 독서

일본에는 어디를 가든 책이 널려 있다. 식당, 찻집, 은행, 공연장 대기실 한구석, 병원 대기실, 지하철 선반 위 등. 작은 문고판 책자부터 만화, 잡지, 신문 등 종류도 다양하지만 공통적인 것은 일본인들은 아무리 짧은 시간이라도 열심히 책을 읽는다는 것이다.

 저자가 자주 이용하던 학교 앞 작은 식당이 하나 있었다. 밖에서 보기엔 식당이라 보기 어려울 정도로 너무나 허름하고, 심지어는 도깨비가 나올 듯한 분위기인데도 값이 싸고 맛이 있어 오사카(大阪) 대학의 명물이라 할 만큼 인기 있고 유명한 곳이다. 그러다 보니 보통 30분은 줄을 서서 기다리고, 자리에 앉아서도 30분 정도는 기다려야 겨우 주문한 밥을 먹을 수가 있다. 이때 대부분의 사람들은 모두 손에 무언가를 들고 읽으며 순서를 기다린다. 비단 이곳 뿐만이 아니다. 조금 유명한 식당이라면 이렇게 다들 기다리는 것이 습관화되어 있고, 그러한 자투리 시간을 이용하여 일본인들은 독서를 많이 한다. 일본인들이 어딘가에서 잠시 기다리는 자투리 시간에 독서를 즐기는 것은 전문서, 소설, 교양서 등 다양한 장르의 책이 휴대하기 간편한 문고판으로 출판된다는 점과 무관하지 않은 듯하다. 또한 굳이 우리나라 식당과의 차이점을 지적한다면 우리나라 식당에는 TV가 눈에 많이 띄는 반면에 일본의 식당에는 TV 대신 잡지, 만화 등의 책이 놓여 있는 곳이 많다는 점이다.

서점

▶ 필수 초급 한자

登   오를 등

쓰는 순서 | 登 登 登 登 登 登 登 登 登 登 登 登

· 登る 오르다 · 登山 등산 · 登校 등교

切   끊을 절 / 모두 체

쓰는 순서 | 切 切 切 切

· 切る 자르다 · 親切だ 친절하다 · 一切 일체

使   부릴 사

쓰는 순서 | 使 使 使 使 使 使 使 使

· 使う 쓰다 · 使用 사용 · 使い捨て 일회용

集   모을 집

쓰는 순서 | 集 集 集 集 集 集 集 集 集 集 集 集

· 集まる 모이다 · 集める 모으다 · 集中 집중 · 集団 집단

消   사라질 소

쓰는 순서 | 消 消 消 消 消 消 消 消 消 消

· 消える 사라지다 · 消す 끄다, 없애다 · 消しゴム 지우개 · 消化 소화

応援に来てくれて
うれしかったです。

- 森さんはイムさんに本をあげました。
- 先輩は私にコンサートチケットを
  くれました。
- 木村さんに旅行のお土産をもらいました。
- 来週、神戸へ出張することになりました。

〈본문〉

- 応援 응원
- くれる 주다
- うれしい 기쁘다
- おかげ 덕택, 덕분
- すてきだ 멋지다
- 来週 다음 주
- 遅い 늦다
- あげる 주다
- 物 물건
- 知る 알다

〈1단계〉

- 来月 다음 달
- 帰国 귀국
- 結婚 결혼

〈2단계〉

- 手作り 손수 만듦(만든 것)
- 先輩 선배
- 娘 (자신의) 딸

- 木村 기무라 (일본인의 성)
- おこづかい 용돈
- 案内 안내
- 姉 (자신의) 언니, 누나
- 手伝う 돕다, 거들다
- 神戸 고베
- 出張 출장
- 台風 태풍
- 運動会 운동회

〈3단계〉

- 自転車 자전거
- ゆびわ 반지
- 中田 나카타 (일본인의 성)
- 息子 (자신의) 아들
- 貸す 빌려주다
- 道 길
- 妹 (자신의) 여동생
- 相談 상담, 상의

- CD（シーディー） CD
- コンサート 콘서트
- ボーナス 보너스
- キャンパス 캠퍼스
- リボン 리본
- ハンカチ 손수건
- バッグ 가방

09

하루카와 다쿠야는 아르바이트를 시작한 하나에게 선물을 하려고 한다.

たくや	ハナさんが応援に来てくれてうれしかったです。
ハナ	私もたくやさんのおかげで楽しかったです。
	とてもすてきでしたよ。
たくや	ありがとうございます。アルバイトの面接はどうでしたか。
ハナ	来週から働くことになりました。
	（デパートで）
たくや	はるかさん、遅くなってすみません。
はるか	大丈夫ですよ。ハナさんにあげる物を考えて来ましたか。
たくや	兄にも考えてもらいましたが、何がいいかわかりません。
	何をもらったらうれしいでしょうか。
はるか	そうですね。アルバイトで使うボールペンはどうですか。
たくや	いいですね。いいお店を知っていたら教えてくれませんか。
はるか	じゃ、私の友だちがアルバイトしている店に行ってみましょう。

1 수여동사표현　あげる／くれる／もらう

무엇인가를 주고받을 때 사용하는 표현이며, 일본어로는 授受表現／やりもらい表現이라고 한다.

종류	의미	예문
あげる (주는 사람 중심)	(다른 사람에게) 주다	① 私　⇒　友だち　　② キム　⇒　田中 ① 私は友だちにペンをあげました。 ② キムさんは田中さんにプレゼントをあげました。
もらう (받는 사람 중심)	(다른 사람으로부터) 받다	① 私　⇐　友だち　　② 田中　⇐　キム ① 私は友だちに (から) 本をもらいました。 ② 田中さんはキムさんに (から) プレゼントを もらいました。
くれる* (주는 사람 중심)	(다른 사람이 나 또는 내 쪽 사람 (うち)에게) 주다	① 友だち　⇒　私　　② イム　⇒　(私の) 弟 ① 友だちは私に本をくれました。 ② イムさんは弟にＣＤをくれました。

* 내 쪽 사람(うち)의 전형적인 예로 가족을 들 수 있다. 또한 회사의 경우 다른 회사 사람에 대해 같은 회사 사람도 「うち」에 해당하므로 이때도 「くれる」로 표현할 수 있다. 그러나 「イムさんはキムさんにプレゼントをくれました」의 경우는 설령 선물을 받는 キムさん이 말하는 사람의 친한 친구라도 「くれる」로 표현하는 것은 잘못이다.

2 〜ことにする／〜ことになる

• 동사 + ことにする : ~하기로 하다, ~하기로 결정하다

　예 来月、日本へ行くことにしました。

• 동사 + ことになる : ~하게 되다, ~하기로 결정되다 (본인의 의지와 상관없이 결정되었음을 말할 때)

　예 来週、帰国することになりました。

* 자신의 의지로 결정한 것이라도 겸손하게 말하거나 감사의 마음을 표현할 경우 「ことになる」를 사용한다.

　예 ３月に結婚することになりました。

1 AはBに~をあげました　A는 B에게 ~을 주었습니다

・森さんはイムさんに本をあげました。
・彼氏に手作りのケーキをあげたいです。

2 Aは (私に) ~をくれました　A는 (나에게) ~을 주었습니다

・先輩は私にコンサートチケットをくれました。
・山田さんは私の娘にプレゼントをくれました。

3 BはAに (から) ~をもらいました　B는 A에게 ~을 받았습니다

・木村さんに旅行のお土産をもらいました。
・学生の時は、母におこづかいをもらいました。
・キムさんは会社からボーナスをもらいました。

4 AはBに~を~てあげました　A는 B에게 ~해 주었습니다

・森さんはイさんに日本語を教えてあげました。
・パクさんは山下さんに会社を案内してあげました。

5 Aは (私に) ~を~てくれました　A는 (나에게) ~해 주었습니다

・森さんは日本語を教えてくれました。
・小学生の時、姉は私のかばんを持ってくれました。

6 BはAに (から) ~を~てもらいました　B는 A에게 ~해 받았습니다
A는 B에게 ~해 주었습니다

・私は彼に宿題を手伝ってもらいました。
・イムさんは田中さんにキャンパスを案内してもらいました。

7 ~ことになりました　~하게 되었습니다

・来週、神戸へ出張することになりました。
・台風で運動会を中止することになりました。

1 그림을 보고 보기와 같이 쓰고 말해 봅시다.

> 보기 田中さんはキムさんに花を<u>あげました</u>。
>
> 田中　花　キム

① _______________________________________

パク　腕時計　山田

② _______________________________________

イム　リボン　森

2 그림을 보고 보기와 같이 쓰고 말해 봅시다.

> 보기 田中さんはキムさんにシャツを<u>もらいました</u>。
>
> 田中　シャツ　キム

① _______________________________________

パク　自転車　山田

② _______________________________________

森　ゆびわ　イム

花（はな）

バラ 장미	菊 국화 きく	桜 벚꽃 さくら	朝顔 나팔꽃 あさがお	木蓮 목련 もくれん

3 그림을 보고 보기와 같이 쓰고 말해 봅시다.

> 보기 山下さんは私にネクタイを<u>くれました</u>。
>
> 山下　ネクタイ　私

① ____

カン　ＣＤ　私

② ____

中田　かばん　（私の）息子

4 그림을 보고 보기와 같이 쓰고 말해 봅시다.

> 보기 田中さんはキムさんに
> 道を教え<u>てもらいました</u>。
>
> 田中　道を教える　キム

① ____

パク　料理を作る　山田

② ____

イム　写真をとる　森

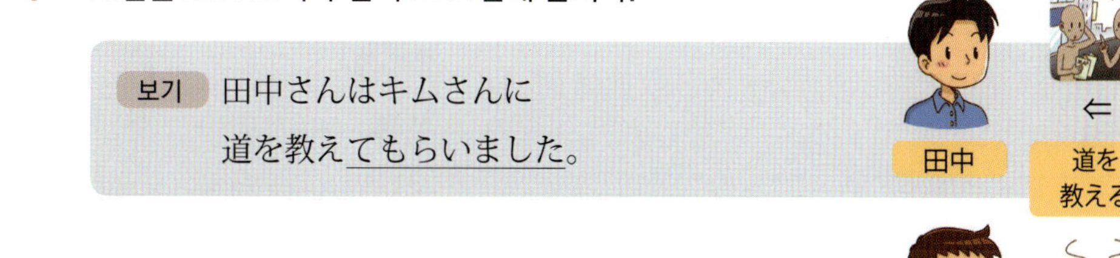

5 그림을 보고 보기와 같이「てあげる」와「てくれる」를 사용하여 쓰고 말해 봅시다.

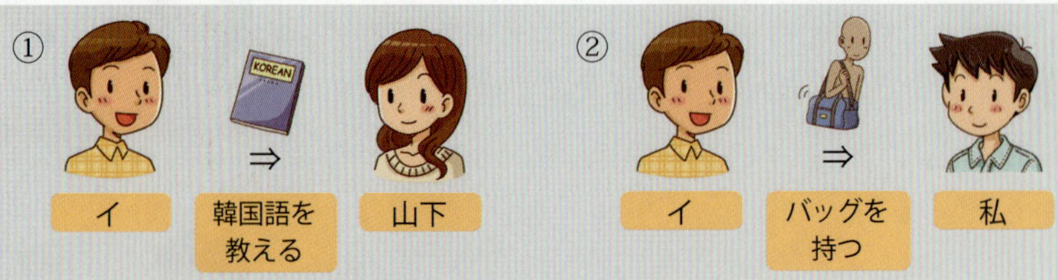
①
イ
韓国語を
教える
山下
②
イ
バッグを
持つ
私

보기 ① イさんは山下さんに韓国語を教えてあげました。

② イさんは私のバッグを持ってくれました。

① ______________________________

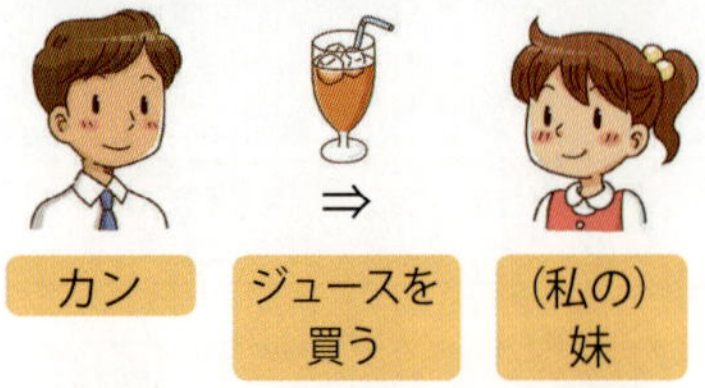
カン
ジュースを
買う
(私の)
妹

② ______________________________

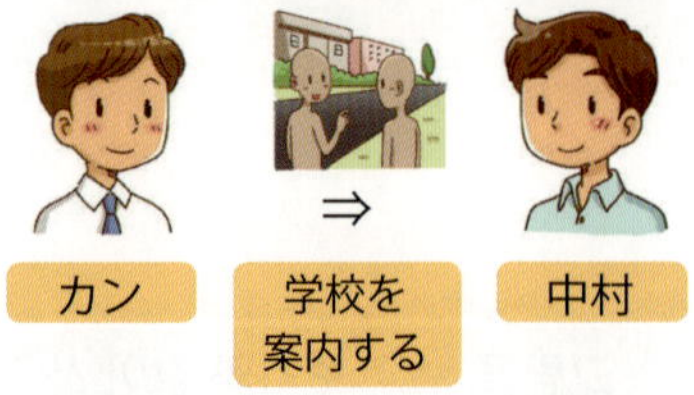
カン
学校を
案内する
中村

③ ______________________________

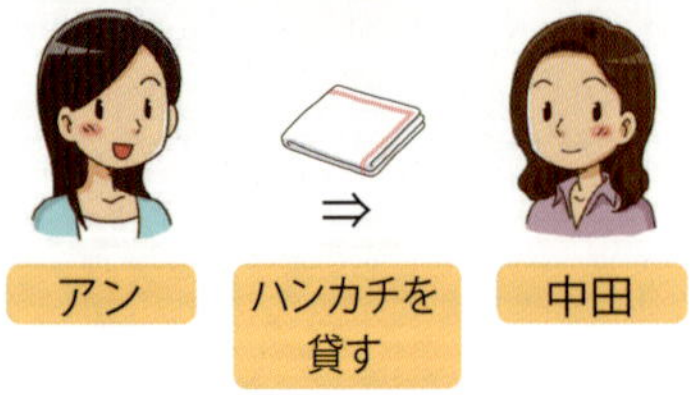
アン
ハンカチを
貸す
中田

④ ______________________________

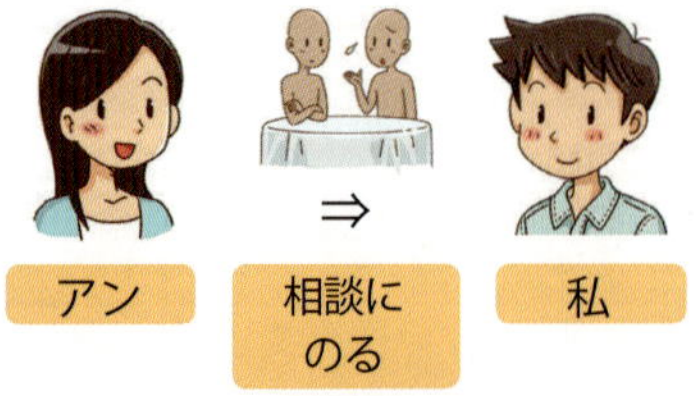
アン
相談に
のる
私

6 CD를 듣고 누가 누구한테 무엇을 선물했는지 (　　)안에 단어를 써 봅시다. 10

①
イム
森
②
田中
キム
③
パク
アン

(　　　　　　)　(　　　　　　)　(　　　　　　)

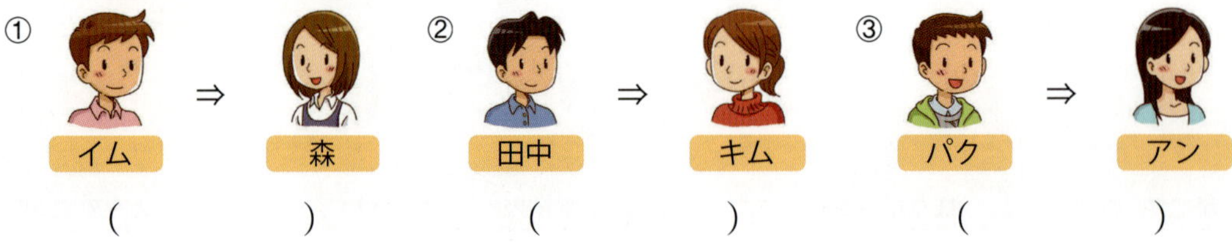

출세를 하려면 라쿠고카가 빠르다?

요즘 우리나라에서는 만담을 별로 접할 기회가 없지만, 1970년대만 하더라도 꽤나 인기가 있었다. 입담 좋은 이야기꾼 2명이 짝을 이뤄 우스운 제스처를 사용하며 우스갯소리를 하던 만담은 이제 우리나라에서는 코미디와 개그에 밀려 거의 그 모습을 찾아보기 힘들다.

일본에는 아직도 우리나라의 만담과 비슷한 형태의 전통적인 이야기 예술이 있는데, 이를 라쿠고(落語)라고 한다. 라쿠고는 에도시대(江戸時代 : 1603–1868)에 시작된 일본의 전통 예능으로 라쿠고카(落語家)라고 불리는 사람이 혼자서 방석에 앉아 입담을 과시하며 관객을 사로잡는다. 라쿠고는 특별한 도구나 배경음악, 효과음도 없다. 오직 라쿠고카의 몸짓과 손짓, 그밖에 접는 부채(扇子)와 수건(てぬぐい)만을 사용하여 모든 것을 표현해 나가며 관객의 웃음을 자아낸다. 특히 라쿠고는 마지막에 항상 관객을 웃기며 이야기를 매듭짓는 오치(落ち)가 있는 것이 가장 큰 특징이다.

라쿠고는 지방색이 있어 크게 도쿄(東京)를 중심으로 한 에도 라쿠고(江戸落語)와 오사카(大阪)를 중심으로 한 가미가타 라쿠고(上方落語)가 있는데, 일본에서는 전반적으로 가미가타 라쿠고를 더 인정해 주고 재미있어 하는 분위기이다.

일본에서 라쿠고의 인기는 상당히 높고, 유명한 라쿠고카는 전국적으로 큰 인기를 끌며 대중의 사랑을 많이 받는다. 그래서인지 라쿠고카가 정치계에 진출하는 일도 적지 않다.

라쿠고카

▶ 필수 초급 한자

調 고를 조

쓰는 순서 | 調 調 調 調 調 調 調 調 調 調 調 調 調 調 調

- 調べる 조사하다 (しら)
- 調査 조사 (ちょうさ)
- 調子 상태 (ちょうし)

勝 이길 승

쓰는 순서 | 勝 勝 勝 勝 勝 勝 勝 勝 勝 勝 勝 勝

- 勝つ 이기다 (か)
- 優勝 우승 (ゆうしょう)
- 勝手だ 제멋대로 하다 (かって)

負 질 부

쓰는 순서 | 負 負 負 負 負 負 負 負 負

- 負ける 지다 (ま)
- 負担 부담 (ふたん)
- お負け 덤, 할인 (ま)

止 그칠 지

쓰는 순서 | 止 止 止 止

- 止まる 멈추다(自) (と)
- 止める 멈추다(他) (と)
- 通行止め 통행금지 (つうこうど)
- 中止 중지 (ちゅうし)

返 돌이킬 반

쓰는 순서 | 返 返 返 返 返 返 返

- 返す 되돌리다 (かえ)
- 返事 대답 (へんじ)
- 返却 반납 (へんきゃく)

みんな私に会いたがって いると思います。

- 学生たちは休みたがっています。
- 娘は自転車をほしがっています。
- 日本人と話したことがあります。
- 道がこんでいますから、
  地下鉄で行ったほうがいいです。

〈본문〉

- 最近 さいきん 최근
- お母さん かあ 어머니
- 連絡 れんらく 연락
- きっと 반드시, 꼭
- 声 こえ 목소리
- 変だ へん 이상하다
- 実は じつ 실은
- おととい 그저께
- のど 목
- せき 기침
- 無理 むり 무리
- 病院 びょういん 병원
- まだ 아직
- よかったら 괜찮다면
- 紹介 しょうかい 소개

〈1단계〉

- 日本酒 にほんしゅ 일본술 (사케)
- いちばん 가장
- たまに 가끔

〈2단계〉

- ～たち ~들
- 鈴木 すずき 스즈키 (일본인의 성)

- 今度 こんど 이번
- いつも 항상
- 何でも なん 뭐든지
- 一度 いちど 한 번
- 予約 よやく 예약
- こむ 붐비다, 혼잡하다
- 地下鉄 ちかてつ 지하철
- 体調 たいちょう 몸상태, 컨디션
- 以上 いじょう 이상
- におい 냄새

〈3단계〉

- 佐藤 さとう 사토 (일본인의 성)
- 免許 めんきょ 면허
- とる 따다, 취득하다
- 渡辺 わたなべ 와타나베 (일본인의 성)
- 着物 きもの 기모노
- 新幹線 しんかんせん 신칸센
- 外国人 がいこくじん 외국인
- それなら 그렇다면
- やせる 살이 빠지다
- 甘い あま 달다
- 結婚式 けっこんしき 결혼식
- 服 ふく 옷

- スリム 슬림
- チャット 채팅
- ロンドン 런던
- ワイン 와인
- サイン 사인
- フォーマル 포멀, 공적임, 형식적임

11

하루카는 아픈 하나를 위해 병원에 같이 가기로 한다.

はるか	ハナさん、よく家に電話していますか。
ハナ	いいえ、あまりしていません。最近忙しくて……。
はるか	お父さんもお母さんも連絡を待っていると思いますから、 時々電話したほうがいいですよ。
ハナ	そうですね。きっとみんな私に会いたがっていると思います。
はるか	あれ？ ハナさん、声がちょっと変ですね。大丈夫ですか。
ハナ	実はおとといからのどが痛くて、せきも出るんです。
はるか	無理しないほうがいいですよ。 日本で病院に行ったことがありますか。
ハナ	いいえ、まだありません。 一人で行くのがちょっとこわくて……。 よかったらいい病院を紹介してくれませんか。
はるか	わかりました。今すぐ一緒に行きましょう。

1 희망표현 ～たい／～たがっている ほしい／ほしがっている

- ～が (を) ～たい : ~을/를 ~하고 싶다. 말하는 사람(1인칭)의 희망을 나타낸다.
  - 예 A : キムさんは何が飲みたいですか。
    - B : 私は日本酒が飲みたいです。

- ～を～たがっている : ~을/를 ~하고 싶어 하다. 화제 속의 인물(3인칭)의 희망을 나타낸다.
  - 예 私の友だちも日本酒を飲みたがっています。

- ～がほしい : ~을/를 갖고 싶다. 부정형(ほしくありません／ほしくないです)
    말하는 사람이 어떤 것을 갖고 싶다는 희망을 나타낸다.
    단, 의문문의 경우 상대방(2인칭)의 희망을 물을 때 사용한다.
  - 예 A : キムさんは今、何がいちばんほしいですか。
    - B : 私がいちばんほしい物は車です。

- ～をほしがっている : ~을/를 갖고 싶어 하다.
    화제속의 인물(3인칭)이 어떤 것을 가지고 싶어 한다는 것을 나타낸다.
  - 예 キムさんは車をほしがっています。

2 ～ことがある／ない

- 동사 과거형 + ことがある／ない : ~한 적이 있다/없다. 경험의 유무를 표현한다.
  - 예 私はまだ北海道へ行ったことがありません。

- 동사 기본형 + ことがある : ~하는 경우가 있다. 어떤 경우의 수를 표현한다.
  - 예 私はたまに一人でお酒を飲むことがあります。

1 ～を～たがっています　~을/를 ~하고 싶어합니다

- 学生たちは休みたがっています。
- スヤンさんはスリムになりたがっています。
- 鈴木さんは今度の旅行にあまり行きたがっていません。
- 子どもはいつも遊びに行きたがります。

2 ～をほしがっています　~을/를 갖고 싶어 합니다

- 娘は自転車をほしがっています。
- 兄は新しいケータイをほしがっています。
- 妹さんがほしがっている物は何ですか。
- 彼女は私が持っている物を何でもほしがります。

3 ～たことがあります　~한 적이 있습니다

- 日本人と話したことがあります。
- 日本のドラマを見たことがあります。
- 私はキムチを作ったことがあります。
- A：日本語でチャットをしたことがありますか。
  B：いいえ、一度もありません。してみたいです。

4 ～たほうがいいです　~하는 편이 좋습니다
　～ないほうがいいです　~하지 않는 편이 좋습니다

- あのレストランは予約したほうがいいです。
- 道がこんでいますから、地下鉄で行ったほうがいいです。
- 体調が悪い時はあまり無理しないほうがいいです。
- ハナさん、これ以上は飲まないほうがいいですよ。
- ちょっと変なにおいがしますから、食べないほうがいいです。

1 보기와 같이 쓰고 말해 봅시다.

> **보기** キムさん／パソコン
> 最近、キムさんはパソコンを<u>ほしがっています</u>。

① 田中さん／彼女

→ ____

② パクさん／自転車

→ ____

③ 森さん／かばん

→ ____

④ アンさん／車

→ ____

2 보기와 같이 쓰고 말해 봅시다.

> **보기** キムさん／日本語を勉強する
> キムさんは日本語を勉強し<u>たがっています</u>。

① 佐藤さん／免許をとる　　　→ ________________________

② イさん／ロンドンに行く　　→ ________________________

③ 渡辺さん／ワインを飲む　　→ ________________________

④ ヤンさん／アナウンサーになる　→ ________________________

病気（びょうき）				
風邪（かぜ） 감기	せき 기침	頭痛（ずつう） 두통	腹痛（ふくつう） 복통	腰痛（ようつう） 요통

3 보기와 같이 쓰고 말해 봅시다.

日本に行く

A ：日本に行ったことがありますか。

B1：はい、あります。

B2：いいえ、行ったことがありません。

① 着物を着る

A ：

B1：

B2：

② 新幹線に乗る

A ：

B1：

B2：

③ 外国人に道を教える

A ：

B1：

B2：

④ 芸能人にサインをもらう

A ：

B1：

B2：

病気（びょうき）

下痢 설사	うつ病 우울증	花粉症 꽃가루 알레르기	骨折 골절	アトピー 아토피
げ り	びょう	か ふんしょう	こっせつ	

4 보기와 같이 쓰고 말해 봅시다.

보기

頭が痛い／休む／勉強する

A ：頭が痛いんです。

B1：それなら、休んだほうがいいですよ。

B2：それなら、勉強しないほうがいいですよ。

① 足が痛い／病院に行く

A：____

B：____

② 明日は試験／お酒を飲む

A：____

B：____

③ やせたい／甘い物を食べる

A：____

B：____

④ 来週は友だちの結婚式／フォーマルな服を着る

A：____

B：____

5 CD를 듣고 누가 무엇을 갖고 싶어 하는지 이름과 물건을 선으로 연결해 봅시다. 

① 
チェ

② 
パク

③ 
イム

외우기도 힘든 일본의 성씨(姓氏)

일본에서는 평민의 성씨 사용이 금지되다가, 1868년의 메이지유신(明治維新) 이후에야 사용할 수 있게 되었는데, 그 종류가 약 30만이나 되며 내용을 보면 논이나 밭(田中), 산(山田), 나무(木村) 등 농경 문화 및 자연 환경과 관계있는 성씨가 상당히 많다.

일본의 여성은 결혼을 하면 서양과 마찬가지로 처녀 때의 성을 버리고, 남편의 성을 따르게 되어 있다. 그러다 이혼을 하면 다시 처녀 때의 성으로 돌아가고, 또 재혼을 하게 되면 재혼한 남편의 성을 따라 쓴다. 그러다 보니 수첩의 성씨 부분이 몇 번이나 수정된 사람이 있어, 가끔씩 누구였더라하고 고민할 때도 있다. 사실 평상시 그다지 친하지 않으면 성(姓)에 'さん'만 붙여 부르기 때문에 이름은 잘 생각나지 않는 경우가 많기 때문이다. 그러나 최근에 와서는 여성의 사회 진출이 늘어났고, 결혼 후에도 직장생활을 이어갈 경우가 많은데, 이런 경우에 편의상 결혼 전의 성을 그대로 사용하는 경우도 많다. 그렇지만 법적으로 성을 바꾸는 것이 원칙이기 때문에 본인의 급여명세서 등에는 결혼 후의 새로운 성을 사용하고 업무상으로는 결혼 전의 성을 그대로 사용하는 경우도 있어, 여성의 경우는 두 개의 성을 같이 사용하는 경우가 드물지 않다.

반대로 일본에는 남성이 결혼하여 여성 쪽의 성씨를 따르는 경우도 종종 있다. 여성 쪽 집안의 가업을 이을 남자가 없거나, 아들이 없는 집에 데릴사위로 들어가서 성씨를 바꾸는 남성이 의외로 적지 않다.

일본의 성씨 TOP 10

① 佐藤 (さとう) ② 鈴木 (すずき) ③ 高橋 (たかはし) ④ 田中 (たなか) ⑤ 伊藤 (いとう)
⑥ 山本 (やまもと) ⑦ 渡辺 (わたなべ) ⑧ 中村 (なかむら) ⑨ 小林 (こばやし) ⑩ 加藤 (かとう)

▶ 필수 초급 한자

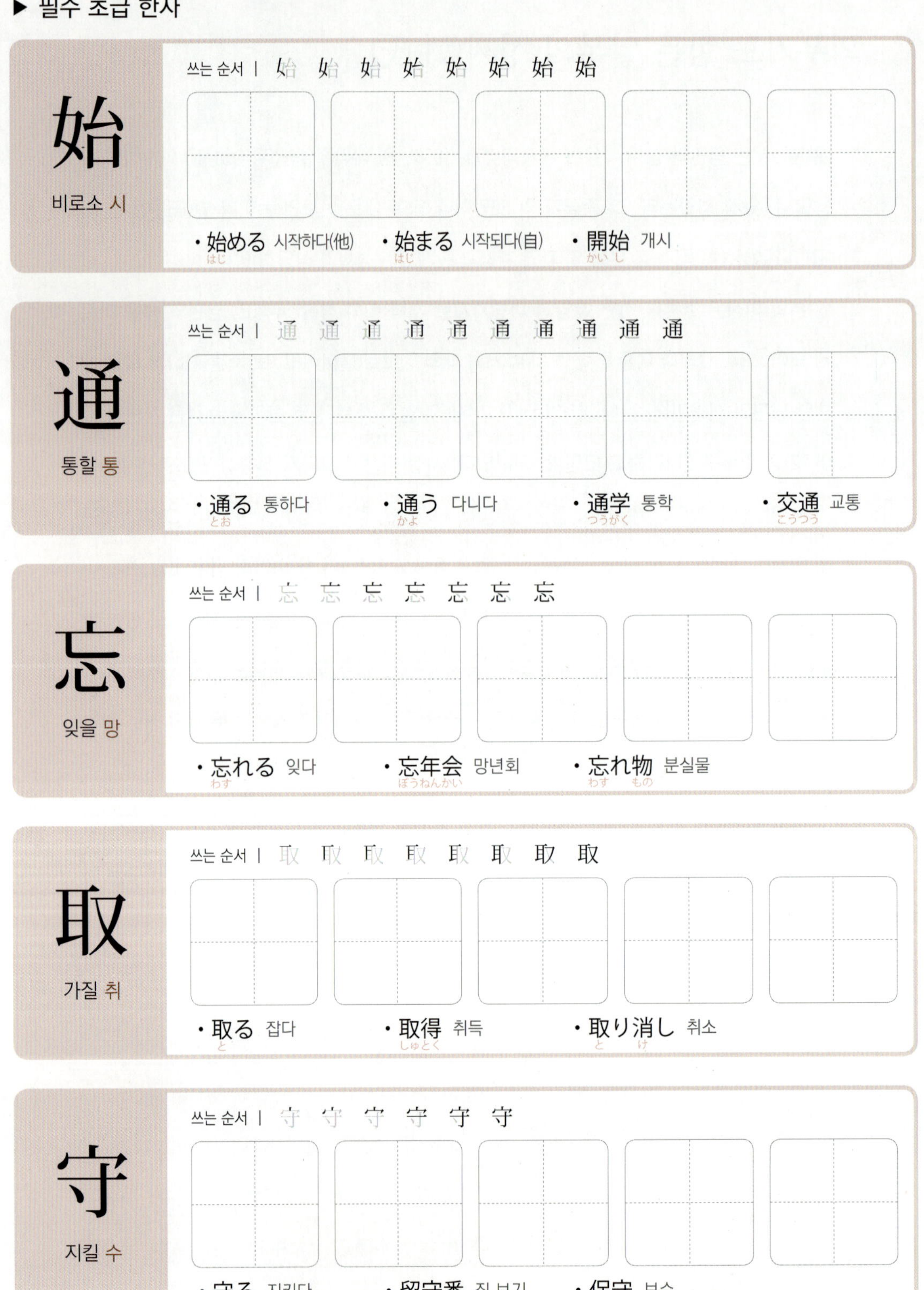

쓰는 순서 │ 始 始 始 始 始 始 始 始

始 비로소 시

・**始**める 시작하다(他) ・**始**まる 시작되다(自) ・**開始** 개시
　はじ　　　　　　　　　　はじ　　　　　　　　　かい し

쓰는 순서 │ 通 通 通 通 通 通 通 通 通 通

通 통할 통

・**通**る 통하다 ・**通**う 다니다 ・**通学** 통학 ・**交通** 교통
　とお　　　　　　かよ　　　　　　　つうがく　　　　　こうつう

쓰는 순서 │ 忘 忘 忘 忘 忘 忘 忘

忘 잊을 망

・**忘**れる 잊다 ・**忘年会** 망년회 ・**忘**れ物 분실물
　わす　　　　　　ぼうねんかい　　　　わす　もの

쓰는 순서 │ 取 取 取 取 取 取 取 取

取 가질 취

・**取**る 잡다 ・**取得** 취득 ・**取**り消し 취소
　と　　　　　　しゅとく　　　　　と　　け

쓰는 순서 │ 守 守 守 守 守 守

守 지킬 수

・**守**る 지키다 ・**留守番** 집 보기 ・**保守** 보수
　まも　　　　　　る すばん　　　　　　ほ しゅ

アルバイトを休もうと思っています。

- この本、借りてもいいですか。
- タバコを吸ってもかまいませんか。
- この部屋で食事をしてはいけません。
- 来年はヨーロッパ旅行をしようと
  思っています。

〈본문〉

- めいわく 폐
- めいわくをかける 폐를 끼치다
- いけない 안 된다
- 早めに 빨리, 조속히
- 薬局 약국

〈1단계〉

- いっしょうけんめい 열심히
- よし 좋아
- がんばる 힘내다, 노력하다
- どうぞ 어서 (허락이나 권할 때)
- かまわない 괜찮다, 상관없다

〈2단계〉

- 借りる 빌리다
- 吸う 피우다
- 課長 과장
- 食事 식사
- 未成年 미성년
- 売る 팔다
- 来年 내년

〈3단계〉

- 定休日 정기휴일
- 泊まる 묵다
- 外食 외식
- 連休 연휴

- カラオケ 노래방
- タバコ 담배
- ヨーロッパ 유럽
- スキー 스키
- ミーティング 회의, 미팅
- チベット 티베트

13

하루카는 몸이 아픈 하나와 함께 병원에 갔다.

はるか	ハナさん、大丈夫でしたか。
ハナ	はい、大丈夫です。心配しなくてもいいですよ。
はるか	最近忙しすぎませんか。少し休んだほうがいいですよ。
ハナ	はい。今日はアルバイトを休もうと思っています。
はるか	そうですか。じゃ、めいわくをかけるといけないから、早めに連絡したほうがいいですよ。
ハナ	そうですね。ここで電話をかけてもいいですか。
はるか	ここでは、ちょっと……。病院の中ではケータイを使ってはいけません。
ハナ	じゃ、後で電話します。薬はここでもらいますか。
はるか	いいえ。薬は薬局でもらいます。
ハナ	そうですか。わかりました。

1 권유 / 의지 표현　～う・～よう　~하자, ~해야지

종류	기본형	만드는 법	권유・의지
5단 동사 (1그룹 동사)	使う 休む 泳ぐ 話す 遊ぶ とる	어미를 お단으로 바꾸고, う를 붙인다.	使おう 休もう 泳ごう 話そう 遊ぼう とろう
1단 동사 (2그룹 동사)	着る 教える 開ける 入れる	る를 빼고 よう를 붙인다.	着よう 教えよう 開けよう 入れよう
변격 동사 (3그룹 동사)	する 来る	し＋よう こ＋よう	しよう 来よう

① 권유 (친한 사이나 아랫사람에게)

　예　一緒にカラオケに行こう。

　　　一緒に出かけようか。

② 의지 (자신의 의지)

　예　これからはいっしょうけんめい勉強しよう。

　　　よし、がんばろう。

2 ～てもいいですか
～てもかまいませんか　~해도 괜찮습니까?

・허락/허가를 구할 때의 표현이다.

　예　A：ここに座ってもいいですか。

　　　B：ええ、どうぞ。

　　　A：今日は早く帰ってもかまいませんか。

　　　B：えっ、それは困りますね。

1　〜てもいいです／〜てもかまいません　　~해도 괜찮습니다

- A：この本、借り**てもいいです**か。
  B：ええ、どうぞ。
- A：タバコを吸っ**てもかまいません**か。
  B：タバコですか。それはちょっと……。
- 課長、窓を開け**てもいいでしょう**か。
- 一人で大丈夫ですから、心配しなく**てもいいです**。
- バナナは冷蔵庫に入れなく**てもいいです**。

2　〜てはいけません　　~해서는 안됩니다

- この部屋で食事をし**てはいけません**。
- 未成年にはタバコを売っ**てはいけません**。
- 今日中にレポートを書かなく**てはいけません**。
- 上手になるためには、毎日練習しなく**てはいけません**。

3　〜う・〜ようと思っています　　~하려고 생각합니다

- 新しいパソコンを買おう**と思っています**。
- 来年はヨーロッパ旅行をしよう**と思っています**。
- 今度の夏休みに免許をとろう**と思っています**。
- 明日は早く来よう**と思っています**。

1 보기와 같이 쓰고 말해 봅시다.

보기

ここで電話をかける

A ：ここで電話をかけてもいいですか。

B1：はい、かけてもいいですよ。

B2：いいえ、かけてはいけません。

① 写真をとる

A ：＿＿＿＿＿＿＿＿＿＿＿＿＿＿＿＿＿＿＿＿

B1：＿＿＿＿＿＿＿＿＿＿＿＿＿＿＿＿＿＿＿＿

B2：＿＿＿＿＿＿＿＿＿＿＿＿＿＿＿＿＿＿＿＿

② 授業中にパンを食べる

A ：＿＿＿＿＿＿＿＿＿＿＿＿＿＿＿＿＿＿＿＿

B1：＿＿＿＿＿＿＿＿＿＿＿＿＿＿＿＿＿＿＿＿

B2：＿＿＿＿＿＿＿＿＿＿＿＿＿＿＿＿＿＿＿＿

③ 窓を開ける

A ：＿＿＿＿＿＿＿＿＿＿＿＿＿＿＿＿＿＿＿＿

B1：＿＿＿＿＿＿＿＿＿＿＿＿＿＿＿＿＿＿＿＿

B2：＿＿＿＿＿＿＿＿＿＿＿＿＿＿＿＿＿＿＿＿

④ 車で来る

A ：＿＿＿＿＿＿＿＿＿＿＿＿＿＿＿＿＿＿＿＿

B1：＿＿＿＿＿＿＿＿＿＿＿＿＿＿＿＿＿＿＿＿

B2：＿＿＿＿＿＿＿＿＿＿＿＿＿＿＿＿＿＿＿＿

病院（びょういん）

内科 내과	外科 외과	眼科 안과	耳鼻(咽喉)科 이비인후과	皮膚科 피부과
ないか	げか	がんか	じびいんこうか	ひふか

2 보기와 같이 쓰고 말해 봅시다.

> **보기** 学校に行く／今日は土曜日
>
> **A**：学校に行かなくてもいいですか。
>
> **B**：はい、今日は土曜日ですから行かなくてもいいです。

① 勉強する／明日はテストがない

    A：____

    B：____

② アルバイトに行く／今日は定休日

    A：____

    B：____

③ 家に帰る／友だちの家に泊まる

    A：____

    B：____

④ 料理をする／今日は外食をする

    A：____

    B：____

3 보기와 같이 쓰고 말해 봅시다.

> **보기** 週末／友だちと一緒にお酒を飲む
>
> **A**：週末は何か予定がありますか。
>
> **B**：はい、友だちと一緒にお酒を飲もうと思っています。

① 来週／スキーをする

    A：____

    B：____

病院（びょういん）

小児科 소아과	整形外科 정형(성형)외과	歯医者(歯科) 치과	処方箋 처방전	点滴 링거
しょうにか	せいけいげか	はいしゃ　しか	しょほうせん	てんてき

② 日曜日／（いいえ）ゆっくり休む

    A : ____

    B : ____

③ 明日／会社でミーティングをする

    A : ____

    B : ____

④ 冬休み／チベットへ旅行に行く

    A : ____

    B : ____

4　CD를 듣고 해도 되는 것에 ○표, 하면 안되는 것에 ×표를 적어 봅시다. 🎧 **14**

①	②	③	④
タバコ	窓	お菓子	写真
(　　)	(　　)	(　　)	(　　)

5　CD를 듣고 질문에 알맞은 답을 적어 봅시다. 🎧 **15**

① 連休に何をしようと思っていますか。

____

② 日本へ行って何をしようと思っていますか。

____

여성보다 더 여성스러운 남자

일본의 전통 공연 예술 중 대표적인 것을 꼽자면 역시 가부키(歌舞伎)일 것이다. 일본의 센고쿠 시대(戦国時代 : 1493-1573)에 시작되어 현대에 이르기까지 일본인들에게 많은 사랑을 받고 있는 가부키는 여자 역할까지도 모두 남자가 연기한다. 가부키의 모든 역할을 처음부터 남자가 했던 것은 아니다. 초창기의 가부키는 주로 여자들이 연기를 하였으나, 그 내용이 지나치게 관능적이었고 매춘을 일삼기도 하여 에도 막부(江戸幕府 : 1603-1868)는 풍속을 어지럽힌다는 이유로 여성들이 연기하는 온나가부키(女歌舞伎)를 금지시키기도 하였다. 이후 가부키는 어린 아이들이 연기하는 와카슈가부키(若衆歌舞伎)가 등장하기도 하였으나, 이 역시도 남색(男色)으로 변질되어 사회적인 물의를 일으키자 급기야 막부에서는 가부키를 전면적으로 금지하게 된다. 그럼에도 민중들의 가부키 재개에 대한 요구가 끊이지 않자 막부는 성인 남성들만이 연기를 하는 것과 노래와 춤을 적게 하고 연극을 중심으로 공연할 것을 전제로 가부키를 허가하게 되었고, 이것이 현대의 가부키로 정착하기에 이르렀다. 이처럼 성인 남자들만이 하는 가부키를 야로가부키(野郎歌舞伎)라 한다. 가부키 공연은 전통을 중시하기 때문에, 지금도 대사는 모두 고어(古語)를 사용한다. 때문에 일본인조차도 가부키를 보기 전에 현대어로 된 설명서를 읽어 봐야 할 정도로 이해하기가 어렵다고 하지만, 대단히 화려한 일본의 전통 의상과 독특한 화장 등 다양한 볼거리를 제공하고 있어 인기가 많다. 가부키 공연에서 여자 역할을 하는 배우를 온나가타(女形)라고 하는데, 외모뿐만 아니라 손짓과 몸짓 등에서 나오는 특유의 신비하고 오묘한 아름다움은 여성보다도 훨씬 더 여성스럽다는 찬사를 받고 있으며, 유명 가부키 배우는 아이돌 가수 이상으로 수입도 많고 대중적인 인기 또한 높다.

가부키

▶ 필수 초급 한자

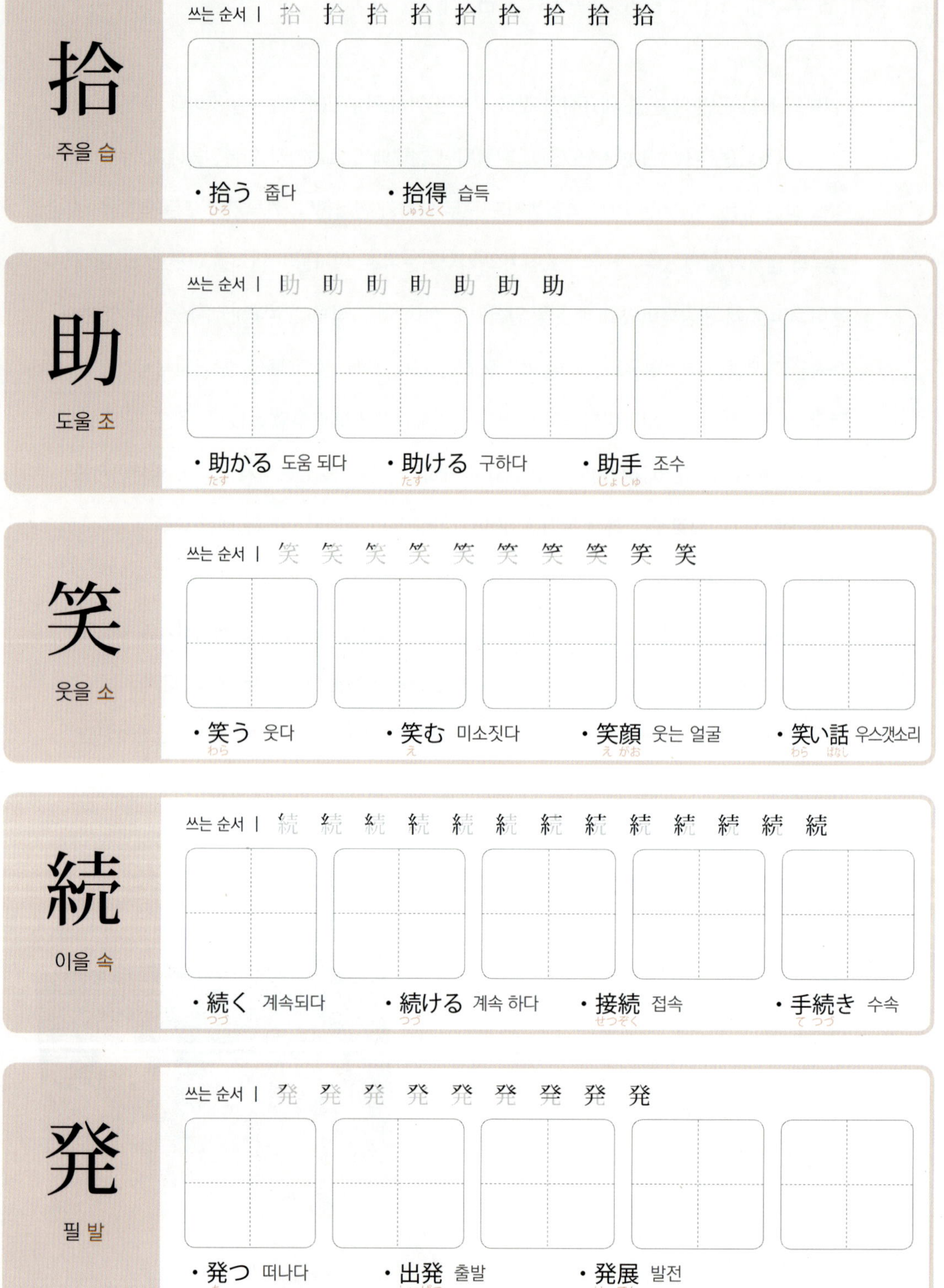

拾
주을 습

쓰는 순서 ㅣ 拾 拾 拾 拾 拾 拾 拾 拾 拾

・拾う 줍다
　ひろ
・拾得 습득
　しゅうとく

助
도울 조

쓰는 순서 ㅣ 助 助 助 助 助 助 助

・助かる 도움 되다
　たす
・助ける 구하다
　たす
・助手 조수
　じょしゅ

笑
웃을 소

쓰는 순서 ㅣ 笑 笑 笑 笑 笑 笑 笑 笑 笑 笑

・笑う 웃다
　わら
・笑む 미소짓다
　え
・笑顔 웃는 얼굴
　え がお
・笑い話 우스갯소리
　わら ばなし

続
이을 속

쓰는 순서 ㅣ 続 続 続 続 続 続 続 続 続 続 続 続 続

・続く 계속되다
　つづ
・続ける 계속 하다
　つづ
・接続 접속
　せつぞく
・手続き 수속
　て つづ

発
필 발

쓰는 순서 ㅣ 発 発 発 発 発 発 発 発 発

・発つ 떠나다
　た
・出発 출발
　しゅっぱつ
・発展 발전
　はってん

運転できるように なりました。

- 私はピアノをひくことができます。
- ペットを飼うことができません。
- 朝早く起きられます。
- 山田さんは来ないかもしれません。
- 一人で歩けるようになりました。

〈본문〉

- 運転 운전
  うんてん
- 紅葉 단풍
  こうよう
- ところ 곳, 장소
- 近く 근처, 가까이
  ちか
- 遠い 멀다
  とお
- 箱根 하코네
  はこ ね
- 温泉 온천
  おんせん
- ぜひ 꼭
- すごい 대단하다
- 安心 안심
  あんしん

〈1단계〉

- 話す 이야기하다
  はな

- 会話 회화, 대화
  かい わ

〈2단계〉

- ひく 치다, 연주하다
- 飼う 키우다
  か
- 大雪 대설, 큰 눈
  おおゆき
- 奥さん (남의) 부인
  おく
- にんじん 당근
- きらいだ 싫어하다

〈3단계〉

- なっとう 낫토
- 風 바람
  かぜ
- くもり 흐림
- ひらがな 히라가나

- ドライブ 드라이브
- スパゲティ 스파게티
- マンション 맨션, 아파트
- ペット 애완동물
- バイク 바이크
- インターネット 인터넷
- ギター 기타
- カヌー 카누

16

다쿠야는 하나와 하루카와 함께 단풍 구경을 가기로 한다.

たくや	ハナさん、今度の連休、何をしますか。
ハナ	はるかさんと紅葉を見に行こうと思っています。
	たくやさん、紅葉がきれいなところを知っていますか。
たくや	はい。この近くでも見ることができますが、
	来週はまだ早いかもしれません。
	少し遠いですが、箱根はどうですか。
	紅葉を見ながら、温泉に入れますよ。
ハナ	箱根ですか。いいですね。ぜひ行ってみたいです。
たくや	私も一緒に行ってもいいですか。ドライブしましょう。
ハナ	ドライブ？ たくやさん、もう免許がとれましたか。
たくや	はい。やっと運転できるようになりました。
ハナ	わぁ、すごい。おめでとうございます。でも、車はありますか。
たくや	兄の車があります。兄をさそってもいいですか。
ハナ	いいですね。お兄さんがいれば運転も安心ですね。

1 가능 표현 ～ことができる・가능 동사 ~할 수 있다

① 동사 기본형 + ことができる

예 私は日本人と話すことができます。

　　スパゲティを作ることができます。

　　サッカーを見ることが好きですが、することはできません。

② 가능동사

종류	기본형	만드는 법	가능형
5단 동사 (1그룹 동사)	使う 書く 泳ぐ 話す 休む 乗る	어미를 え단으로 바꾸고, る를 붙인다.	使える 書ける 泳げる 話せる 休める 乗れる
1단 동사 (2그룹 동사)	着る 教える	る를 빼고 られる를 붙인다.	着られる 教えられる
변격 동사 (3그룹 동사)	*する 来る	× こ + られる	できる 来られる

예 朝早く起きます。　　　　　→　朝早く起きられます。

　　日本の新聞を読みます。　→　日本の新聞が読めます。

　　私は水泳をします。　　　→　私は水泳ができます。

2 가능 동사 ～ようになる ~할 수 있게 되다

능력, 상태의 변화를 나타낸다.

예 1年前には日本語ができませんでしたが、

　　今はかんたんな会話ぐらいはできるようになりました。

1 ～ことができます／～ことができません ~할 수 있습니다 / ~할 수 없습니다

- 私はピアノをひくことができます。
- ハンさんは英語も中国語も話すことができます。
- 日本語でメールを送ることができます。
- このマンションではペットを飼うことができません。

2 가능 동사

- 私はバイクに**乗れます**。
- インターネットで映画が**見られます**。
- 明日、早く**来られます**か。
- 私はまだ運転**できません**。
- 私は韓国語は**できます**が、中国語は**できません**。

3 ～かもしれません ~일지도 모릅니다

- 山田さんは来ない**かもしれません**。
- 今日は大雪なので、電車が遅れる**かもしれません**。
- 来週はもっと寒い**かもしれません**。
- 子どもの本ですから、少しかんたん**かもしれません**。
- あの人は渡辺さんの奥さん**かもしれません**。

4 ～ようになりました ~하게 되었습니다

- 一人で歩ける**ようになりました**。
- 中国語で電話がかけられる**ようになりました**。
- 毎日練習して、泳げる**ようになりました**。
- 子どもの時はにんじんがきらいでしたが、今では食べられる**ようになりました**。

1 보기와 같이 쓰고 말해 봅시다.

> 보기　ギターをひく
>
> Ａ：ギターをひく<u>ことができます</u>か。
> Ｂ1：はい、ひく<u>ことができます</u>。
> Ｂ2：いいえ、ひく<u>ことができません</u>。

① 泳ぐ

Ａ：＿＿＿＿＿＿＿＿＿＿＿＿＿＿＿＿＿＿＿＿＿＿＿

Ｂ1：＿＿＿＿＿＿＿＿＿＿＿　Ｂ2：＿＿＿＿＿＿＿＿＿＿＿

② 一人で旅行に行く

Ａ：＿＿＿＿＿＿＿＿＿＿＿＿＿＿＿＿＿＿＿＿＿＿＿

Ｂ1：＿＿＿＿＿＿＿＿＿＿＿　Ｂ2：＿＿＿＿＿＿＿＿＿＿＿

③ 車の運転をする

Ａ：＿＿＿＿＿＿＿＿＿＿＿＿＿＿＿＿＿＿＿＿＿＿＿

Ｂ1：＿＿＿＿＿＿＿＿＿＿＿　Ｂ2：＿＿＿＿＿＿＿＿＿＿＿

④ フィギュアスケートをする

Ａ：＿＿＿＿＿＿＿＿＿＿＿＿＿＿＿＿＿＿＿＿＿＿＿

Ｂ1：＿＿＿＿＿＿＿＿＿＿＿　Ｂ2：＿＿＿＿＿＿＿＿＿＿＿

2 보기와 같이 쓰고 말해 봅시다.

> 보기　日本料理を作る
>
> Ａ：日本料理が<u>作れます</u>か。
> Ｂ1：はい、<u>作れます</u>。
> Ｂ2：いいえ、<u>作れません</u>。

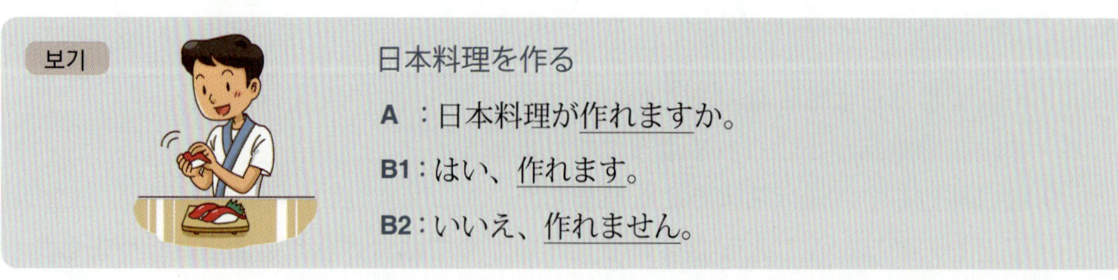

科目（かもく）

国語 국어 こくご	文学 문학 ぶんがく	理科 과학(이과) りか	歴史 역사 れきし	地理 지리 ちり

① なっとうを食べる

A : ____

B1 : ____________________ **B2 :** ____________________

② 日本語でメールを書く

A : ____

B1 : ____________________ **B2 :** ____________________

③ 朝早く起きる

A : ____

B1 : ____________________ **B2 :** ____________________

④ カヌーに乗る

A : ____

B1 : ____________________ **B2 :** ____________________

3 보기와 같이 쓰고 말해 봅시다.

> 보기　晴れる
>
> **A :** 明日の天気はどうでしょうか。
>
> **B :** そうですね。明日は晴れるかもしれません。

① 雪が降る　**A :** ________________________________

　　　　　　B : ________________________________

② 風が強い　**A :** ________________________________

　　　　　　B : ________________________________

③ 雨　　　　**A :** ________________________________

　　　　　　B : ________________________________

④ くもり　　**A :** ________________________________

　　　　　　B : ________________________________

科目（かもく）

外国語 외국어	数学 수학	体育 체육	技術 기술	美術 미술
がいこくご	すうがく	たいいく	ぎじゅつ	びじゅつ

4 보기와 같이 쓰고 말해 봅시다.

보기

ひらがなを書く

A：日本語の勉強はどうですか。

B：ひらがなが<u>書けるようになりました</u>。

① 漢字を書く　　　A：___________________________

　　　　　　　　　B：___________________________

② 日本人と話す　　A：___________________________

　　　　　　　　　B：___________________________

③ 日本語でメールを送る　A：___________________________

　　　　　　　　　　　　B：___________________________

④ 日本語で電話する　A：___________________________

　　　　　　　　　　B：___________________________

5 CD를 듣고 누가 무엇을 할 수 있는지 선으로 연결해 봅시다. 🎧 **17**

엄격한 운전 문화와 다양한 운전자 표식

일본은 우리나라에 비해 운전자에 대한 규제와 처벌의 정도가 가혹할 정도로 매우 엄격하다. 만일 운전자가 음주운전을 하게 되면 해당 운전자는 물론 동승자까지도 처벌을 받는다. 심지어 차를 가져온 것을 알면서 술을 팔았다면 음식점 업주까지도 처벌 대상이 되고, 술을 권한 사람 역시 처벌 대상이 된다. 그리고 만일 공무원이 음주운전에 적발이 되면 음주량의 많고 적음을 떠나 면직 처분이라는 중징계를 받기도 한다고 하니, 일본에서 음주운전은 감히 상상할 수 조차 없을 것이다.

 한편 일본에 가면 자동차의 앞면과 뒷면에 다양한 운전자 표식이 붙어 있는 것을 쉽게 발견할 수 있다. 자율적으로 표식을 붙이는 우리나라와는 달리, 운전면허를 따면 처음 1년 동안은 자동차에 와카바 마크(若葉マーク)라는 초보 운전자 표식(初心者マーク)을 붙이고 다니는 것이 법으로 규정되어 있다. 와카바(若葉)는 일본어로 '새잎', '어린 잎'이라는 뜻으로 표식의 색도 녹색으로 정해져 있는데 이 표식을 사서 붙이고 다녀야 한다. 또, 70세 이상(법률상으로는 75세 이상)의 고령 운전자의 경우에는 또 다른 표식을 붙여야 한다. 고령 운전자 표식(シルバーマーク)은 2011년 1월 이전까지는 주황과 오렌지 색의 물방울 모양 디자인 표식을 사용하였는데, 이것이 낙엽(落ち葉) 또는 오래되어 떨어진 잎새(枯れ葉)를 연상시키고 디자인 역시 눈물처럼 보인다는 비판이 일면서, 4가지 색 클로버 모양의 새로운 디자인으로 변경되었다.

若葉マーク

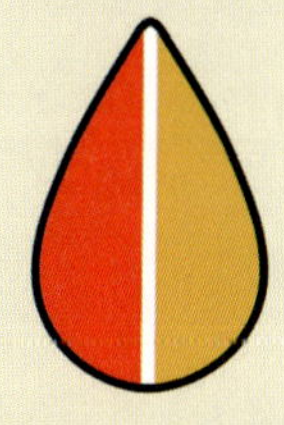

旧シルバーマーク

新シルバーマーク

▶ 필수 초급 한자

痛
아플 통

쓰는 순서 | 痛 痛 痛 痛 痛 痛 痛 痛 痛 痛 痛 痛

- 痛い 아프다
- 苦痛 고통
- 頭痛 두통

悲
슬플 비

쓰는 순서 | 悲 悲 悲 悲 悲 悲 悲 悲 悲 悲 悲 悲

- 悲しい 슬프다
- 悲しむ 슬퍼하다
- 悲劇 비극

楽
즐길 락
노래 악

쓰는 순서 | 楽 楽 楽 楽 楽 楽 楽 楽 楽 楽 楽 楽 楽

- 楽しい 즐겁다
- 楽しむ 즐기다
- 音楽 음악
- 娯楽 오락

苦
쓸 고

쓰는 순서 | 苦 苦 苦 苦 苦 苦 苦 苦

- 苦しい 괴롭다
- 苦い 쓰다
- 苦手だ 서툴다
- 苦情 불만

忙
바쁠 망

쓰는 순서 | 忙 忙 忙 忙 忙 忙

- 忙しい 바쁘다
- 多忙 매우 바쁨

連休なのに、あまり
道がこんでいませんね。

- 今日は忙しいので、明日、お願いします。
- 森さんはダイエット中なのに、よく食べます。
- いつも明るいからです。
- ここは静かだし、空気もきれいです。
- 天気予報によると週末は雪だそうです。

〈본문〉

- 出発 출발
  しゅっぱつ
- 景色 경치
  け しき
- 最高 최고
  さいこう
- 去年 작년
  きょねん
- 色 색, 색깔
  いろ
- 深い 깊다
  ふか
- 気温 기온
  き おん
- 差 차이
  さ
- 大切だ 중요하다, 소중하다
  たいせつ

〈1단계〉

- おなかがすく 배가 고프다
- 秋 가을
  あき
- 性格 성격
  せいかく
- 吹く 불다
  ふ
- ひどい 심하다

〈2단계〉

- 用事 일, 용무
  ようじ
- これで 이만, 이것으로
- 失礼 실례
  しつれい
- お願いします 부탁합니다
  ねが
- 静かだ 조용하다
  しず

- 集中 집중
  しゅうちゅう
- りんご 사과
- ぜんぜん 전혀
- 歌 노래
  うた
- 遅く 늦게
  おそ
- 海外 해외
  かいがい
- ちゅうしゃ 주사
- 寒気 한기
  さむ け
- 空気 공기
  くう き
- 天気予報 일기예보
  てん き よ ほう
- 駅前 역 앞
  えきまえ

〈3단계〉

- 留学 유학
  りゅうがく
- かわいい 귀엽다
- うすい 얇다
- 厚い 두껍다
  あつ
- やわらかい 부드럽다
- ふんいき 분위기
- 後輩 후배
  こうはい
- すすめる 추천하다
- 真面目だ 성실하다
  ま じ め

- スーパー 슈퍼마켓

- クラスメート 급우, 클래스메이트

18

하나와 하루카, 다쿠야, 나오키는 단풍 구경을 떠난다.

たくや	疲れたので、ここでちょっと休みましょう。
ハナ	そうですね。今日は連休なのに、あまり道がこんでいませんね。
たくや	朝早く出発してよかったです。これからこむと思いますよ。
ハナ	天気もいいし、景色もきれいだし、最高ですね。
なおき	今年の紅葉は、去年よりもきれいだそうですよ。
ハナ	えっ、どうして今年はきれいなんですか。
なおき	昼は暑くて夜は寒いと、色が深くなるからです。
ハナ	気温の差が大切なんですね。はるかさん？
なおき	しーっ、はるかさんは寝ていますよ。
ハナ	たくやさんの運転が上手だから、寝ているのかもしれません。
	はじめてのドライブなのに、安心できます。
たくや	ありがとうございます。

1　원인 / 이유　〜ので・〜から

- 「ので」: ~어서, ~라서, ~므로

  원인이나 이유를 표현할 때, 해명이나 변명할 때 사용하며 겸손하고 부드러운 느낌을 준다.

  예 日曜日な**ので**、人が多いです。

  すみません。電車が遅れた**ので**、遅刻しました。

- 「から」: ~니까, ~때문에

  말하는 이의 주관이 강하게 나타나는 원인, 이유 표현이다.

  예 寒い**から**、窓を閉めましょう。

  おなかがすいた**から**、何か食べましょう。

2　역접　〜のに　~인데도 불구하고

- 어떤 사항으로부터 일반적으로 기대되는 것과 반대의 일이 일어났을 때 사용하는 접속 표현이다.

  예 昼ご飯を食べた**のに**おなかがすきました。

  一時間も待った**のに**彼は来ませんでした。

  秋な**のに**まだ暑いです。

3　〜し　~이고, ~해서

- 두 가지 이상의 사실을 열거할 때 쓰인다.

  예 顔もきれいだ**し**、性格もいい。

  雨も降る**し**、風も吹く**し**、ひどい天気です。

  彼は、タバコも吸う**し**、お酒も飲みます。

4　전문　〜そうだ　~라고 한다, ~란다

- 남에게 듣거나 신문 등에서 본 것을 다른 사람에게 전달할 때 쓰인다.

  예 雨が降る**そう**です。

  彼女は日本語の先生だ**そう**です。

1 ～ので ~므로, ~때문에

- 用事があるので、これで失礼します。
- 今日は忙しいので、明日、お願いします。
- 図書館は静かなので、勉強に集中できます。
- 日曜日なので、学校へ行きません。

2 ～のに ~인데도

- 森さんはダイエット中なのに、よく食べます。
- このりんごは高いのに、ぜんぜんおいしくありません。
- 彼は歌が下手なのに、カラオケで人気があります。
- ゆうべ遅くまで練習したのに、またあの漢字を忘れてしまいました。

3 どうして ～んですか／～からです 왜 ~(것)입니까? / ~때문입니다.

- A：どうして彼女が好きなんですか。
  B：いつも明るいからです。
- A：どうしてアルバイトをするんですか。
  B：海外旅行に行きたいからです。
- A：どうして病院へ行かないんですか。
  B：ちゅうしゃがきらいだからです。

4 ～し ~하고

- A：どうしたんですか。
  B：頭も痛いし、せきも出るし、寒気もするんです。
- 雨も降っているし、体調も悪いし、今日は休みたいです。
- ここは静かだし、広いし、空気もきれいです。

5 ～そうです ~라고 합니다 (전문)

- 天気予報によると週末は雪だそうです。
- 友だちの話ではあのレストランは安くておいしいそうです。
- 今度駅前に新しいスーパーができるそうです。
- 鈴木さんはもう結婚しているそうです。

1 보기와 같이 쓰고 말해 봅시다.

> **보기** 彼はハンサムだ／人気がある
>
> 彼はハンサム<u>なので</u>、人気があります。

① 友だちが来る／掃除する　　　　　→ ___________________________

② 誕生日だ／お酒を飲む　　　　　　→ ___________________________

③ かぜをひく／病院に行く　　　　　→ ___________________________

2 보기와 같이 쓰고 말해 봅시다.

> **보기** 薬を飲む／頭が痛い
>
> 薬を飲んだ<u>のに</u>、頭が痛いです。

① 早く起きる／遅刻した　　　　　　　　→ ___________________________

② ２時間も待つ／キムさんは来なかった　→ ___________________________

③ 宿題が多い／時間がない　　　　　　　→ ___________________________

3 보기와 같이 쓰고 말해 봅시다.

> **보기** 日本語を勉強する／日本に留学する
>
> A：<u>どうして</u>日本語を勉強する<u>んですか</u>。
>
> B：日本に留学する<u>から</u>です。

① 学校を休んだ／頭が痛かった　A：___________________________

　　　　　　　　　　　　　　　　B：___________________________

１１０番 범죄신고 ひゃく とお ばん	１１９番 화재신고 ひゃくじゅうきゅうばん	１０４番 전화번호 안내 ひゃくよんばん	警察官 경찰관 けいさつかん	交番 경찰서 こうばん

② 人気がある／性格がいい　　A：＿＿＿＿＿＿＿＿＿＿＿＿＿＿＿

　　　　　　　　　　　　　　　B：＿＿＿＿＿＿＿＿＿＿＿＿＿＿＿

③ にんじんを食べない／味が好きじゃない

　　A：＿＿＿＿＿＿＿＿＿＿＿＿＿＿＿＿＿＿＿＿＿＿＿＿＿＿＿

　　B：＿＿＿＿＿＿＿＿＿＿＿＿＿＿＿＿＿＿＿＿＿＿＿＿＿＿＿

④ 本を読まない／字を見ると眠くなる

　　A：＿＿＿＿＿＿＿＿＿＿＿＿＿＿＿＿＿＿＿＿＿＿＿＿＿＿＿

　　B：＿＿＿＿＿＿＿＿＿＿＿＿＿＿＿＿＿＿＿＿＿＿＿＿＿＿＿

4　보기와 같이 쓰고 말해 봅시다.

> **보기**
>
> キムさん（やさしい／かわいい／人気がある）
> A：キムさんをどう思いますか。
> B：やさしいし、かわいいし、人気があると思います。

① このケータイ（うすい／軽い／使いやすい）

　　A：＿＿＿＿＿＿＿＿＿＿＿＿＿＿＿＿＿＿＿＿＿＿＿＿＿＿＿

　　B：＿＿＿＿＿＿＿＿＿＿＿＿＿＿＿＿＿＿＿＿＿＿＿＿＿＿＿

② この本（厚い／字が多い／読みにくい）

　　A：＿＿＿＿＿＿＿＿＿＿＿＿＿＿＿＿＿＿＿＿＿＿＿＿＿＿＿

　　B：＿＿＿＿＿＿＿＿＿＿＿＿＿＿＿＿＿＿＿＿＿＿＿＿＿＿＿

③ このベッド（大きい／やわらかい／眠りやすい）

　　A：＿＿＿＿＿＿＿＿＿＿＿＿＿＿＿＿＿＿＿＿＿＿＿＿＿＿＿

　　B：＿＿＿＿＿＿＿＿＿＿＿＿＿＿＿＿＿＿＿＿＿＿＿＿＿＿＿

④ この授業（先生もやさしい／ふんいきもいい／後輩にすすめたい）

　　A：＿＿＿＿＿＿＿＿＿＿＿＿＿＿＿＿＿＿＿＿＿＿＿＿＿＿＿

　　B：＿＿＿＿＿＿＿＿＿＿＿＿＿＿＿＿＿＿＿＿＿＿＿＿＿＿＿

生活用語

パトカー 순찰차	救急車 구급차 きゅうきゅうしゃ	消防車 소방차 しょうぼうしゃ	保健室 보건실 ほ けんしつ	緑の窓口 JR 안내 창구 みどり まどぐち

5   보기와 같이 쓰고 말해 봅시다.

① 明日の天気（天気予報／雪）

A：____

B：____

② あの本（先輩／とてもむずかしい）

A：____

B：____

③ 彼の性格（クラスメート／真面目でやさしい）

A：____

B：____

④ 新しい先生（学生／おもしろくて親切だ）

A：____

B：____

6   CD를 듣고 질문에 알맞은 답을 적어 봅시다. 　🎧 **19**

① 田中さんは明日何をしようと思っていましたか。

____

② 映画を見に行くのは誰と誰ですか。

____

도요토미 히데요시(豊臣秀吉),
とよとみひでよし
오사카성의 흥망성쇠

 해가 져서 어둑해질 무렵, JR간죠센(環状線) 오사카죠코엔역(大阪城公園駅)에 도착하여 오사카성 공원을 20여분 정도 걷자 '덴슈카쿠(天守閣) 3D 일루미네이션' 안내 표지가 보였다. 그 표지를 따라 오사카성 둘레 구경에 나섰다. 어두워서 잘 보이지는 않았지만 오사카성 아래 폭 넓게 자리한 해자를 보며, 적들의 침입 방어를 위해 무단히도 애를 썼구나 싶었고, 우리나라의 성들도 해자를 축조해 놓은 곳이 있었나 기억을 더듬기도 했었다.

 일본의 3대 성 중 하나인 오사카성은 오다 노부나가(織田信長)의 사후(1582)에, 그의 뒤를 이어 일본 전국 통일의 대업을 이루었던 도요토미 히데요시(豊臣秀吉)가 자신의 권력을 과시하기 위해 축조한 성으로, 화려하고 웅장한 성으로 정평이 나 있다.

 오사카성을 축성하고 히데요시는 입성도 못한 채 죽음을 맞이하고, 그의 어린 아들 히데요리(秀頼)가 입성하게 된다. 그러나 모든 권력은 도쿠가와 이에야스(德川家康)로 넘어가고, 이름만 남은 쇼군으로 자리를 지키다가 결국엔 이에야스에 의해 죽음을 맞이하고, 덴슈카쿠는 파괴된다. 그 후, 이에야스의 아들 히데타다(秀忠)가 더 웅장하게 축성하였으나, 벼락과 화재 등으로 소실, 1931년에 개축한 것이 오늘날의 오사카성이다.

 덴슈카쿠 일루미네이션은 한 편의 애니메이션을 보는 듯한 느낌이었다. 덴슈카쿠의 축성, 파괴, 재축성, 화려한 전성기, 또 다시 전소, 재축성의 순으로 진행되었다. 얼핏 보기에는 유서 깊은 유적지가 단순한 볼거리로 전락되어, 오사카성 덴슈카쿠를 아끼는 사람들에게 얼마나 실망감을 안겨줄까 싶기도 했지만, 역사에 점점 흥미를 잃어가는 젊은 세대에 새로운 볼거리로써, 오사카성의 역사를 소개하고 관심을 불러 일으키고자 하는 기획 의도가 돋보였던 것도 사실이다.

오사카성

▶ 필수 초급 한자

暖
따뜻할 난

쓰는 순서 | 暖 暖 暖 暖 暖 暖 暖 暖 暖 暖 暖 暖 暖

- 暖かい 따뜻하다 (あたた)
- 暖房 난방 (だんぼう)
- 温暖化 온난화 (おんだん か)

暑
더울 서

쓰는 순서 | 暑 暑 暑 暑 暑 暑 暑 暑 暑 暑 暑 暑

- 暑い 덥다 (あつ)
- 残暑 늦더위 (ざんしょ)
- 暑がり 더위를 탐 (あつ)

涼
서늘할 량

쓰는 순서 | 涼 涼 涼 涼 涼 涼 涼 涼 涼 涼 涼

- 涼しい 시원하다 (すず)
- 納涼 납량 (のうりょう)

寒
찰 한

쓰는 순서 | 寒 寒 寒 寒 寒 寒 寒 寒 寒 寒 寒 寒

- 寒い 춥다 (さむ)
- 寒気 한기 (さむ け)
- 悪寒 오한 (おかん か)

難
어려울 난

쓰는 순서 | 難 難 難 難 難 難 難 難 難 難 難 難 難 難 難 難 難 難

- 難しい 어렵다 (むずか)
- 盗難 도난 (とうなん)
- 困難 곤란 (こんなん)

雨に降られたので、かさを買いました。

- 今日、先生にほめられました。
- 私は課長に仕事を頼まれました。
- 毎晩赤ちゃんに泣かれて寝られません。
- 先生は毎日散歩されるそうです。

〈본문〉

- 食パン 식빵
- 頼む 부탁하다
- 急に 갑자기
- 半額 반액, 반값

〈1단계〉

- ふむ 밟다
- ～たて 갓 ~함, 얼마 되지 않음
- 盗む 훔치다
- 怒る 화나다
- 小説 소설
- 若者 젊은이
- しかる 혼내다, 야단치다
- 戻る 되돌아가(오)다

〈2단계〉

- ほめる 칭찬하다
- かむ 물다
- 研究室 연구실
- 呼ぶ 부르다
- 投げる 던지다
- 見事に 근사하게

- 打つ 치다
- 展覧会 전람회
- ひらく 열다, 열리다
- どろぼう 도둑(질)
- 毎晩 매일 밤
- 赤ちゃん 아기
- 泣く 울다
- 死ぬ 죽다
- 経験 경험
- 起こす 깨우다

〈3단계〉

- いじめる 괴롭히다
- たたく 치다, 두드리다
- 弟 (자신의) 남동생
- こわす 부수다, 망가뜨리다
- 社員 사원
- 社長 사장
- 医者 의사
- 患者 환자
- 食後 식후
- 非喫煙者 비흡연자

- プリン 푸딩
- インコース 인 코스
- ホームラン 홈런
- プロポーズ 프로포즈
- マナー 매너

雨に降られたので、かさを買いました。

20

아르바이트를 마치고 돌아오는 길에 야마다 선생님을 만났다. 밖에는 장대비가 내린다.

ハナ	あっ、先生。こんにちは。お買い物ですか。
山田先生	はい、母に食パンを頼まれたんです。
	ハナさんは、もうアルバイトが終わりましたか。
ハナ	はい。今、終わりました。あれ、先生、服がぬれていますね。
	このハンカチ、使われますか。
山田先生	ありがとうございます。
	急に雨に降られたので、かさを買いました。
	半額だったので、2つ買いました。
	ハナさんは、かさを持っていますか。
ハナ	いいえ、私も買わなくてはいけません。
山田先生	よかったらこのかさを使ってください。
ハナ	えっ、いいんですか。
山田先生	はい、どうぞ。
ハナ	ありがとうございます。

1 수동 표현   ～れる・～られる

종류	기본형	만드는 법	수동
5단 동사 (1그룹 동사)	使う 書く こわす 呼ぶ ふむ なぐる	어미를 あ단으로 바꾸고, れる를 붙인다.	使われる 書かれる こわされる 呼ばれる ふまれる なぐられる
1단 동사 (2그룹 동사)	見る ほめる いじめる	る를 빼고 られる를 붙인다.	見られる ほめられる いじめられる
변격 동사 (3그룹 동사)	する 来る		される 来られる

* 수동문은 동작을 받는 사람을 주어로 하여 문장을 쓴 것이다.

예 電車で足をふま**れました**。　　　　　전철에서 발을 밟혔습니다.

　　買いたてのバイクを盗ま**れました**。　산지 얼마 안된 자전거를 도둑맞았습니다.

　　急に雨に降ら**れました**。　　　　　　갑자기 내린 비를 맞았습니다.

　　先生に怒ら**れる**かもしれません。　　선생님에게 혼날지도 모릅니다.

　　この小説は若者によく読ま**れています**。　이 소설은 젊은이에게 많이 읽혀지고 있습니다.

2 수동 / 존경 / 가능   ～れる・～られる

① 수동

　예 私は<u>父に</u>しから**れました**。　　　나는 아버지께 야단 맞았습니다.

② 존경

　예 <u>先生</u>は今日、戻ら**れますか**。　　선생님은 오늘 돌아오십니까?

③ 가능

　예 私は<u>なっとうが</u>食べ**られます**。　나는 낫토를 먹을 수 있습니다.

1 대응하는 능동문이 존재하는 수동문

- (수동) 今日、先生に**ほめられました**。
  (능동) 今日、先生が私をほめました。
- (수동) 犬に**かまれました**。
  (능동) 犬が私をかみました。
- (수동) 先生に研究室に**呼ばれました**。
  (능동) 先生は私を研究室に呼びました。

- 食べようと思っていたプリンを妹に**食べられました**。
- 私は課長に仕事を**頼まれました**。
- インコースに投げたら見事にホームランを**打たれました**。
- 展覧会はどこで**ひらかれますか**。

2 대응하는 능동문이 존재하지 않는 수동문

- 昨日、どろぼうに**入られました**。
- 毎晩赤ちゃんに**泣かれて**寝られません。
- 明日、試験なのに、友だちに**来られて**勉強ができませんでした。
- 大切なペットに**死なれた**経験があります。

3 〜れる・〜られる 존경

- 毎日電車で行か**れますか**。
- 今朝の新聞ですが、読ま**れますか**。
- 先生は毎日散歩**される**そうです。
- 少し休ま**れた**ほうがいいですよ。

1 보기와 같이 쓰고 말해 봅시다.

> **보기** 先生が（私を）しかる
>
> 　　　 私は先生<u>にしかられました</u>。

① 犬がかむ

→ ____________________________________

② 昨日、母が起こす

→ ____________________________________

③ 彼氏がプロポーズする

→ ____________________________________

④ 兄がいじめる

→ ____________________________________

2 보기와 같이 쓰고 말해 봅시다.

> **보기** 母が（私に）買い物を頼む
>
> 　　　 A：どうしたんですか。
>
> 　　　 B：母<u>に</u>買い物<u>を頼まれたんです</u>。

① どろぼうがかばんをぬすむ

A : ____________________________________

B : ____________________________________

② となりの人が足をふむ

A : ____________________________________

B : ____________________________________

野菜（やさい）①			
玉ねぎ 양파 _{たま}	じゃがいも 감자	さつまいも 고구마	にんじん 당근	大根 무 _{だいこん}

③ 友だちが頭をたたく

A : _______________________________________

B : _______________________________________

④ 弟が時計をこわす

A : _______________________________________

B : _______________________________________

3 보기와 같이 쓰고 말해 봅시다.

보기
雨が降る／かぜをひく
雨に<u>降られて</u>、かぜをひきました。

① 赤ちゃんが泣く／眠れない

→ _______________________________________

② 友だちが来る／勉強できない

→ _______________________________________

③ となりでタバコを吸う／めいわくだ

→ _______________________________________

④ 授業中にお菓子を食べる／（先生の）気分が悪い

→ _______________________________________

野菜〈やさい〉①

きゅうり 오이	かぼちゃ 호박	茄子〈なす〉 가지	白菜〈はくさい〉 배추	とうもろこし 옥수수

보기

（学生　→　先生）休む

少し休まれたほうがいいですよ。

① （社員　→　社長）早く戻る

→ ____

② （A社社員　→　B社社員）会社に連絡する

→ ____

③ （医者　→　患者）食後に薬を飲む

→ ____

④ （非喫煙者　→　喫煙者）マナーを守る

→ ____

5　CD를 듣고 a, b 중 맞는 그림에 ○표를 넣어 봅시다. 21

① a　　　b　　　　　② a　　　b

（　　　）（　　　）　　　（　　　）（　　　）

③ a　　　b　　　　　④ a　　　b

（　　　）（　　　）　　　（　　　）（　　　）

일본인과 「間」
ま

　우리는 한국인 친구같은 일본인 친구를 사귀기가 어렵다는 이야기를 주변에서 많이 듣는다. 이러한 이야기는 비단 한국인 뿐만 아니라 다른 외국인에게서도 들을 수 있었고 저자 역시 유학시절 이러한 경험을 한 바가 있다. 나이 차이와는 상관없이 스스로는 꽤나 친하다고 생각하는 동급생이 있었는데 1년, 2년이 지나도 좀처럼 한국인 친구와 같은 친분관계가 이루어지지 않았다. 일상적인 학교생활에서는 매우 친절하게 도움을 받기도 했지만 결과적으로는 의례적인 관계가 지속될 뿐, 좀처럼 그 간격이 좁혀지질 않았다. 물론 개인에 따라서는 그렇지 않은 경우도 있을 것이고 또한 지역에 따라 정도의 차이가 있을 수는 있겠으나, 가령 한국의 경우는 처음 만나는 상황에서도 자연스럽게 가족 구성을 비롯한 사적인 질문을 주고받기도 하고, 친해지면 자연스럽게 상대의 집을 방문하는 것도 크게 문제가 되지 않는다. 하지만 일본에서는 설령 친한 사이라 하더라도 쉽게 친구 집에 놀러 가거나 한국인 친구와의 관계처럼 지내기란 쉽지 않았다.

　그렇다면 왜 일본에서는 한국처럼 사적인 부분도 함께 공유할 수 있는 그러한 친구를 사귀기 쉽지 않은 것일까. 그것은 다름 아닌 일본 특유의 「間」라고 하는 의식이 작용하고 있기 때문이라고 한다. 여기에서 「間」란, 사전적 의미인 '간격', '사이', '틈새' 등과 같이 단순한 '벽'을 의미하는 것이 아니라, 사람과 사람 사이의 관계에 있어서 상대방의 '공간, 입장, 개인적인 것' 등에 대한 배려의 의미를 담고 있다.

　한국인의 일상생활 속에 유교적인 관습이 녹아 있듯이 일본인의 경우에는 「間」라고 하는 의식이 인간관계에서 작용하고 있으며, 그러한 의식이 남에게 피해를 끼치지 않고, 말하자면 遠慮(사양함) 등과 같이 상대에 대한 배려의 행위로 나타나는 것이 아닐까라는 생각이 든다.

▶ 필수 초급 한자

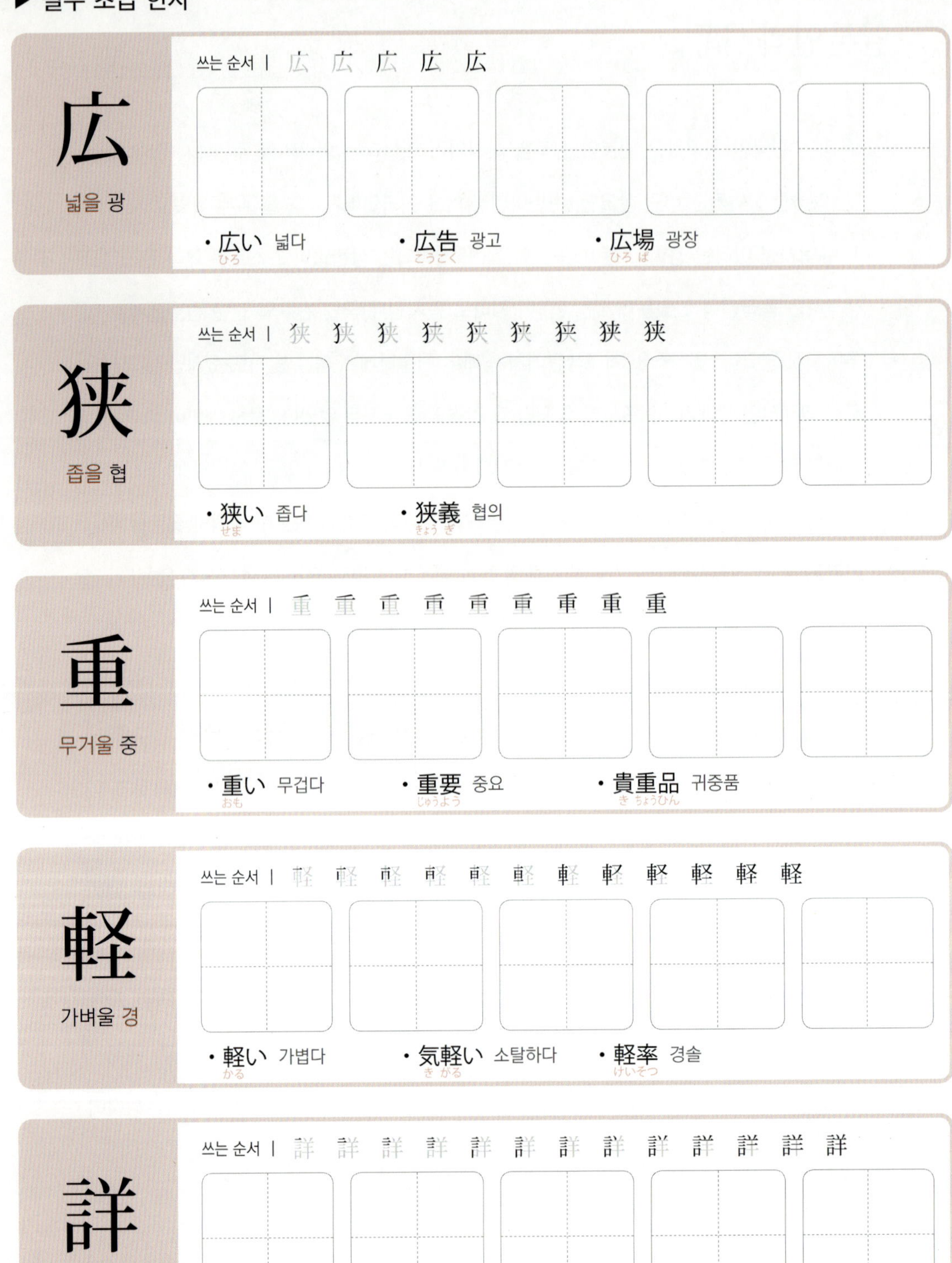

広
넓을 광

쓰는 순서 | 広 広 広 広 広

· 広い 넓다 （ひろ）
· 広告 광고 （こうこく）
· 広場 광장 （ひろ ば）

狭
좁을 협

쓰는 순서 | 狭 狭 狭 狭 狭 狭 狭 狭 狭

· 狭い 좁다 （せま）
· 狭義 협의 （きょう ぎ）

重
무거울 중

쓰는 순서 | 重 重 重 重 重 重 重 重 重

· 重い 무겁다 （おも）
· 重要 중요 （じゅうよう）
· 貴重品 귀중품 （き ちょうひん）

軽
가벼울 경

쓰는 순서 | 軽 軽 軽 軽 軽 軽 軽 軽 軽 軽 軽 軽

· 軽い 가볍다 （かる）
· 気軽い 소탈하다 （き かる）
· 軽率 경솔 （けいそつ）

詳
자세할 상

쓰는 순서 | 詳 詳 詳 詳 詳 詳 詳 詳 詳 詳 詳 詳 詳

· 詳しい 상세하다 （くわ）
· 詳細 상세 （しょうさい）
· 未詳 미상 （み しょう）

クリスマスに仕事をさせるんですか。

- 母は弟を買い物に行かせました。
- 父は私にアルバイトをやめさせました。
- その仕事なら、私にやらせてください。
- 台風で木が倒れそうでした。

〈본문〉

- ~年 ~년
  ねん
- 種類 종류
  しゅるい
- いちご 딸기
- 楽しみ 즐거움, 낙
  たの

〈2단계〉

- 外国語 외국어
  がいこくご
- 何度 몇 번
  なんど
- なおす 고치다
- 次 다음
  つぎ
- 経験者 경험자
  けいけんしゃ

- 意見 의견
  いけん
- 就職 취직
  しゅうしょく
- 質問 질문
  しつもん
- 木 나무
  き
- 倒れる 쓰러지다
  たお
- 店員 점원
  てんいん

〈3단계〉

- 荷物 짐
  にもつ
- 体 몸
  からだ
- 国内 국내
  こくない

- クリスマス 크리스마스
- チョコレート 초콜릿
- ナレーション 나레이션
- ツアー 투어
- イヤホン 이어폰

22

하나와 하루카는 다가올 크리스마스에 대해 이야기를 나눈다.

はるか	ハナさんはクリスマス、なにか予定がありますか。
ハナ	みんなでクリスマスパーティーをしたかったんですが、アルバイトです。
はるか	え！1年に1度のクリスマスに仕事をさせるんですか。ひどいですね。
ハナ	大丈夫ですよ。彼氏もいないし、約束もないですから。
はるか	私もそうですよ。クリスマスはいつもより忙しそうですね。
ハナ	はい。店の前でクリスマスケーキを売らなければならないんです。
はるか	そうなんですか。ケーキは何種類あるんですか。
ハナ	いちごのケーキやチョコレートケーキがあって、全部で4種類です。
はるか	わぁ、おいしそうですね。
ハナ	アルバイトが終わったら一つ買って来ますから、 一緒にクリスマスパーティーをしませんか。
はるか	いいですね。そうしましょう。 パーティーの準備は私にやらせてください。
ハナ	お願いします。とても楽しみですね。

1 사역 표현 ～せる・～させる

종류	기본형	만드는 법	사역
5단 동사 (1그룹 동사)	使う 行く 読む 遊ぶ	어미를 あ단으로 바꾸고, せる를 붙인다.	使わせる 行かせる 読ませる 遊ばせる
1단 동사 (2그룹 동사)	見る 食べる	る를 빼고 させる를 붙인다.	見させる 食べさせる
변격 동사 (3그룹 동사)	する 来る		させる 来させる

* 사역은 누군가가 그 행위를 하도록 시켜서, 동작주가 그 행위를 하는 것을 표현한다.
  사역은 상황에 따라서 그 행위를 하도록 방치 내지 허가의 의미로 쓰이기도 한다.

예 先生は学生たちを走ら**せました**。　선생님은 학생들을 달리도록 했습니다.
　母は子どもを遊ば**せました**。　엄마는 아이를 놀게 두었습니다.
　私にやら**せて**ください。　저에게 하게 해 주세요.

2 양태 ～そうだ ~할 것 같다

• 시각, 청각, 촉각 등 감각에 의한 추측 표현이다.

종류	기본형	양태 ～そうだ	전문 ～そうだ
5단 동사 (1그룹 동사)	泣く 死ぬ 読む	泣きそうだ 死にそうだ 読みそうだ	泣くそうだ 死ぬそうだ 読むそうだ
1단 동사 (2그룹 동사)	落ちる 倒れる	落ちそうだ 倒れそうだ	落ちるそうだ 倒れるそうだ
변격 동사 (3그룹 동사)	する 来る	しそうだ 来そうだ	するそうだ 来るそうだ
い 형용사	おいしい よい ない	おいしそうだ ＊よさそうだ ＊なさそうだ	おいしいそうだ ＊よいそうだ ＊ないそうだ
な 형용사	静かだ	静かそうだ	しずかだそうだ
명사＋だ	日本人だ	日本人そうだ（×）	日本人だそうだ

예 雨が降り**そうです**。（양태）　비가 내릴 것 같습니다.
　雨が降る**そうです**。（전문）　비가 내린다고 합니다.

1　～せる・～させる　~하게 하다, ~시키다

- 母は弟を買い物に行か**せました**。
- 父は私にアルバイトをやめ**させました**。
- うちの会社は社員に外国語を習わ**せています**。
- 兄は私に何度もレポートをなおさ**せました**。

2　～せて・～させてください　~하게 해 주세요

- その仕事なら、私にやら**せてください**。
- 次はぼくに走ら**せてください**。
- もう少し考え**させてください**。
- 経験者のご意見なども聞か**せてください**。
- 就職の面接について質問**させてください**。

3　～そうです　~할 것 같습니다 (양태)

- 空がくもって、もうすぐ雪が降り**そうです**。
- 台風で木が倒れ**そうでした**。
- おもしろ**そうな**映画だから、見に行きましょう。
- この店の店員さんはみんな親切**そうです**。

1   보기와 같이 쓰고 말해 봅시다.

보기   道がわからない／学生が案内する

道がわからないので、学生に案内<u>させました</u>。

① 荷物が重い／弟が持つ

→ ____

② 明日はテスト／息子が勉強する

→ ____

③ 声がきれいだ／ナレーションをする

→ ____

④ 野菜は体にいい／子どもが食べる

→ ____

2   보기와 같이 쓰고 말해 봅시다.

보기   国内ツアー／案内する

国内ツアーなら、私に案内<u>させてください</u>。

① 料理／手伝う   → ____

② 韓国／行く   → ____

③ 数学／教える   → ____

④ この歌／歌う   → ____

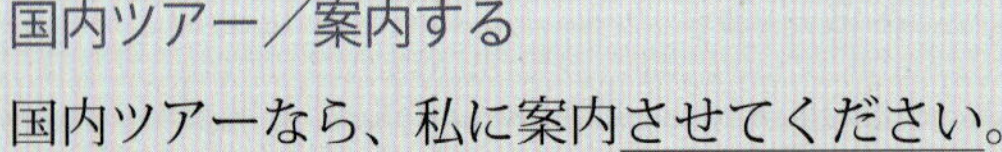

野菜 (やさい) ②

ねぎ 파	ごぼう 우엉	ほうれん草 시금치	豆もやし 콩나물	れんこん 연근

3 보기와 같이 쓰고 말해 봅시다.

보기

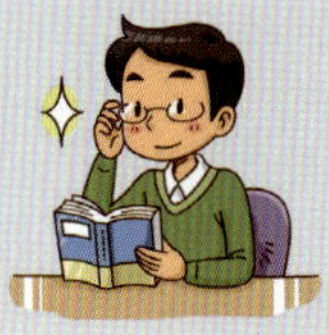

パクさん／頭がいい
パクさんは頭がよさそうです。

① チェさん／料理が上手だ
→ ______________________

② このソーセージ／おいしい
→ ______________________

③ このイヤホン／音がきれいだ
→ ______________________

④ 授業／もうすぐ終わる
→ ______________________

4 CD를 듣고 아이에게 무엇을 시키고 싶은지 적어 봅시다. 23

① 山田　1）______________________

　　　　2）______________________

② キム ______________________

野菜（やさい）②

きのこ 버섯　キャベツ 양배추　ピーマン 피망　レタス 양상추　トマト 토마토

5 CD를 듣고 a, b 중 맞는 그림에 ○표를 넣어 봅시다. 🎧 24

① a　　　b　　　② a　　　b

(　　　)　(　　　)　　(　　　)　(　　　)

③ a　　　b　　　④ a　　　b

(　　　)　(　　　)　　(　　　)　(　　　)

온돌방이 그리운 일본의 겨울

일본의 집은 상당히 좁다. 마당은 넓은 데도 가옥 자체는 아기자기 좁은 집이 많다. 물론 최근에는 서양식 설계로 짓기 때문에 많이 바뀌고 있지만, 우리나라와 비교했을 때 일본의 집은 아직도 좁다고 할 수 있다. 일본에서는 경차 이외에는 주차 확인증이 있어야 차를 구입할 수 있기 때문에, 마당을 주차공간으로 꾸미는 경우가 많은 것도 집이 좁은 이유 중의 하나일 것이다.

보통 일본 전통 가옥의 바닥은 마루로 되어 있고, 그 위에 짚과 골풀(등심초)로 만든 다타미(畳)라고 하는 일종의 매트리스를 까는데 여름에 시원하다는 장점은 있으나, 아이들이 있는 집에서는 음식물이 떨어지면 틈새로 스며들어가는 등 청결상의 문제점이 없지 않다.

한국사람이 일본에서 생활하는데 가장 힘든 것은 겨울을 지내는 일일 것이다. 일본은 북쪽의 일부 지방을 제외하고는 우리나라보다 지리적으로 남쪽에 위치하므로 겨울의 평균 기온은 높으나 난방시설이 제대로 되어있지 않아 겨울나기가 무척 힘이 든다. 일본에는 고타츠(こたつ)라고 하는 난방기구가 있는데, 이것은 우리나라의 상처럼 생긴 나무틀 밑에 큰 전구 모양의 전열 기구가 달려있는 형태를 하고 있다. 그 상 위에 커다란 이불을 덮어 씌운 다음 다시 판자를 깔아, 그 밑으로 발을 들이 밀고는 식탁이나 책상으로 사용한다. 마치 우리나라의 전통 가옥의 아랫목에 이불을 덮어 놓고, 가족 모두가 이불 속에 발을 넣고 앉아 오손도손 담소하는 느낌과 같다고 할 수 있겠다.

고타츠

▶ 필수 초급 한자

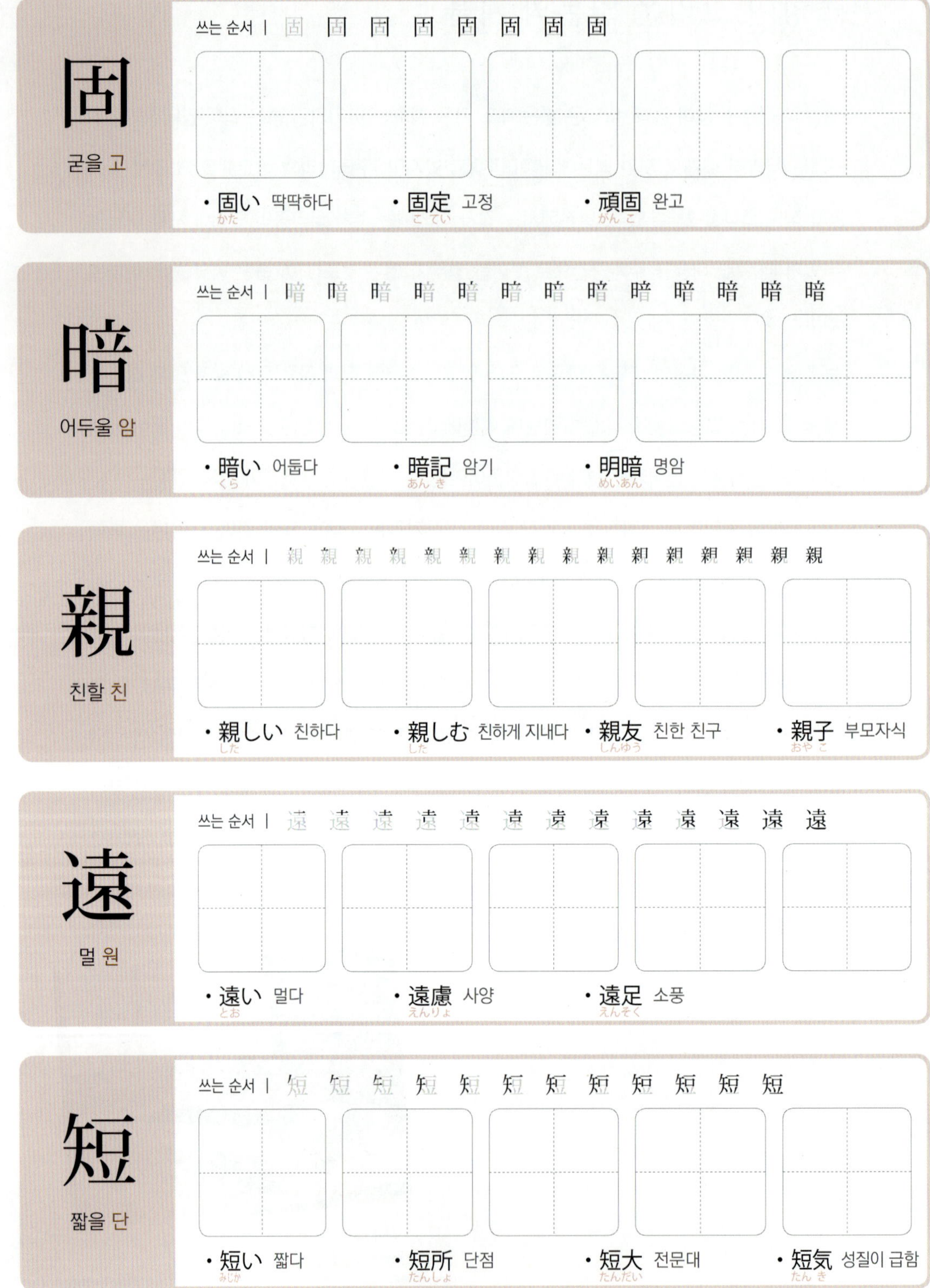

固 굳을 고

쓰는 순서 | 固 固 固 固 固 固 固 固

· 固い 딱딱하다 (かた)
· 固定 고정 (こ てい)
· 頑固 완고 (がん こ)

暗 어두울 암

쓰는 순서 | 暗 暗 暗 暗 暗 暗 暗 暗 暗 暗 暗 暗 暗

· 暗い 어둡다 (くら)
· 暗記 암기 (あん き)
· 明暗 명암 (めいあん)

親 친할 친

쓰는 순서 | 親 親 親 親 親 親 親 親 親 親 親 親 親 親 親 親

· 親しい 친하다 (した)
· 親しむ 친하게 지내다 (した)
· 親友 친한 친구 (しんゆう)
· 親子 부모자식 (おや こ)

遠 멀 원

쓰는 순서 | 遠 遠 遠 遠 遠 遠 遠 遠 遠 遠 遠 遠 遠

· 遠い 멀다 (とお)
· 遠慮 사양 (えんりょ)
· 遠足 소풍 (えんそく)

短 짧을 단

쓰는 순서 | 短 短 短 短 短 短 短 短 短 短 短 短

· 短い 짧다 (みじか)
· 短所 단점 (たんしょ)
· 短大 전문대 (たんだい)
· 短気 성질이 급함 (たん き)

おせち料理の作り方を教えてもらえませんか。

- これは木村先生がお書きになった本です。
- 渡辺先生は先週の事件をご存じですか。
- 待合室でお待ちください。
- ご希望の方はご参加ください。
- 都合がよかったら来てもらえませんか。

〈본문〉

- おせち料理（りょうり）오세치 요리, 일본 설 요리
- 正月（しょうがつ）설, 정월
- 過ごす（す）지내다
- いただく 받다
- お母様（かあさま）어머님
- よろしく 잘

〈1단계〉

- いらっしゃる 가시다, 오시다, 계시다
- 少々（しょうしょう）잠시
- 遠慮（えんりょ）사양함

〈2단계〉

- 件（けん）건
- どなた 어느 분
- 直接（ちょくせつ）직접

〈본문〉

- めしあがる 드시다
- 事件（じけん）사건
- ご存じだ（ぞん）알고 계시다
- おっしゃる 말씀하시다
- 待合室（まちあいしつ）대합실
- みなさま 여러분
- 希望（きぼう）희망
- 参加（さんか）참가
- 運ぶ（はこ）옮기다, 나르다

〈3단계〉

- 部長（ぶちょう）부장
- 席（せき）자리
- 外す（はず）비우다, 떠나다
- 問題（もんだい）문제

- コピー 복사

25

하나는 설날에 야마다 선생님 댁에 초대를 받았다.

山田先生	ハナさん、お正月は韓国に帰りますか。
ハナ	いいえ、日本で過ごすつもりです。
山田先生	そうですか。よかったらうちに遊びに来ませんか。 母がとても韓国ドラマが好きで、 ハナさんと話したがっているんです。
ハナ	えっ、本当ですか。韓国語を話されるんですか。
山田先生	はい、少し話せますよ。
ハナ	わぁ、すごいですね。
山田先生	母のおせち料理はおいしいですよ。一緒に食べながら話しましょう。
ハナ	おせち料理を作っていただけるんですか。楽しみです。 よかったらおせち料理の作り方を教えてもらえませんか。
山田先生	はい。母に頼んでみます。
ハナ	ありがとうございます。お母様によろしくお伝えください。

1 　경어

보다 공손하고 정중하게 상대를 대할 때 쓰이며, 존경어·겸양어·정중어 등이 포함된다. (부록 150쪽 참조)

동사	존경어
行く	いらっしゃる
来る	いらっしゃる
いる	いらっしゃる
言う	おっしゃる
食べる	めしあがる
見る	ご覧になる
知る	ご存じだ
くれる	くださる
あげる	×
もらう	×

- 존경어는 상대를 높이는 말이며, 여러가지 형태가 있다.

　① れる・られる　　　　　　　예 どこへ行かれますか。
　　　　　　　　　　　　　　　　新聞を読まれます。

　② お〜になる　　　　　　　　예 新聞をお読みになります。
　③ 특수 경어　　　　　　　　　예 どこへいらっしゃいますか。

2 　お・ご〜ください　　~해 주세요

- 「〜てください」의 요구 표현보다 정중한 느낌을 준다.

　예 少々お待ちください。
　　遠慮なくご連絡ください。

3 　〜てもらえませんか　　~해 주실까요, ~줄 수 없을까요?

- 「〜てください」보다 정중한 의뢰표현이다.

　예 すみません。ケータイを貸してもらえませんか。
　　ちょっとこれをコピーしてもらえませんか。

1　お〜になります　~하십니다

- この件についてどう**お考えになります**か。
- これは木村先生が**お書きになった**本です。
- この写真はどなたが**おとりになりました**か。
- 鈴木さんに直接**お会いにならなかった**んですか。

2　특수경어

- 田中先生は**いらっしゃいます**か。
- 社長は朝、パンとコーヒーを**めしあがる**そうです。
- 渡辺先生は先週の事件を**ご存じ**ですか。
- 先生はそのことについて何と**おっしゃいました**か。

3　お・ご〜ください　~해 주세요

- 待合室で**お待ちください**。
- みなさまによろしく**お伝えください**。
- 家に帰ったら**お電話ください**。
- ご希望の方は**ご参加ください**。

4　〜てもらえませんか　~해 줄 수 없을까요

- 都合がよかったら来**てもらえませんか**。
- この本を貸し**てもらえませんか**。
- わからないところを教え**てもらえませんか**。
- ちょっとこれをなおし**てもらえませんか**。
- この荷物、あちらの部屋まで運ん**でもらえませんか**。

1 보기와 같이 <u>쓰고</u> 말해 봅시다.

> 보기　ここに座ってください。
>
> 　　　こちらに<u>お座りください</u>。

① このかさを使ってください。

→ _______________________________________

② この本を読んでください。

→ _______________________________________

③ この薬は食後に飲んでください。

→ _______________________________________

④ この道をまっすぐ進んでください。

→ _______________________________________

2 보기와 같이 쓰고 말해 봅시다.

> 보기　社長はもう帰った。
>
> 　　　社長はもう<u>お帰りになりました</u>。

① 先生は英語を話した。

→ _______________________________________

② 課長は新しいパソコンを買った。

→ _______________________________________

③ 予定は部長が決めた。

→ _______________________________________

④ このメモは社長が書いた。

→ _______________________________________

専攻（せんこう）				
経営 경영 けいえい	経済 경제 けいざい	法学 법학 ほうがく	心理 심리 しんり	政治 정치 せいじ

3　보기와 같이 쓰고 말해 봅시다.

荷物を持つ

A：すみませんが、荷物を持っ<u>てもらえませんか</u>。

B1：はい、いいですよ。

B2：すみません、今はちょっと……。

① 本を貸す

A ：＿＿＿＿＿＿＿＿＿＿＿＿＿＿＿＿＿＿＿＿＿＿

B1：＿＿＿＿＿＿＿＿＿＿＿＿＿＿＿＿＿＿＿＿＿＿

B2：＿＿＿＿＿＿＿＿＿＿＿＿＿＿＿＿＿＿＿＿＿＿

② 席を外す

A ：＿＿＿＿＿＿＿＿＿＿＿＿＿＿＿＿＿＿＿＿＿＿

B1：＿＿＿＿＿＿＿＿＿＿＿＿＿＿＿＿＿＿＿＿＿＿

B2：＿＿＿＿＿＿＿＿＿＿＿＿＿＿＿＿＿＿＿＿＿＿

③ 買い物に行く

A ：＿＿＿＿＿＿＿＿＿＿＿＿＿＿＿＿＿＿＿＿＿＿

B1：＿＿＿＿＿＿＿＿＿＿＿＿＿＿＿＿＿＿＿＿＿＿

B2：＿＿＿＿＿＿＿＿＿＿＿＿＿＿＿＿＿＿＿＿＿＿

④ わからない問題を教える

A ：＿＿＿＿＿＿＿＿＿＿＿＿＿＿＿＿＿＿＿＿＿＿

B1：＿＿＿＿＿＿＿＿＿＿＿＿＿＿＿＿＿＿＿＿＿＿

B2：＿＿＿＿＿＿＿＿＿＿＿＿＿＿＿＿＿＿＿＿＿＿

専攻（せんこう）

建築 건축	物理 물리	生物 생물	化学 화학	教育 교육
けんちく	ぶつり	せいぶつ	か がく	きょういく

4 보기와 같이 쓰고 말해 봅시다.

> 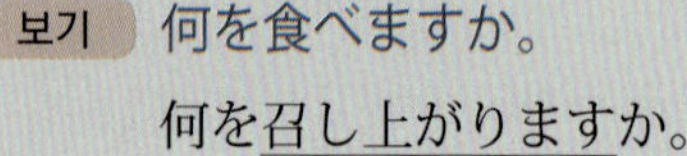 何を食べますか。
>
> 何を<u>召し上がります</u>か。

① 先生は来ましたか。

→ ____

② あの方を知っていますか。

→ ____

③ 今、何と言いましたか。

→ ____

④ 朝のニュースを見ましたか。

→ ____

5　CD를 듣고 질문에 알맞은 답을 적어 봅시다. 🎧 **26**

① スヤンさんは週末に何をするつもりでしたか。

____

② 先生はどんな仕事をお願いしましたか。

____

③ スヤンさんはどうして早く帰りますか。

____

일본인의 가정교육 「躾」
しつけ

일본에서는 소위 「躾」라고 하는 가정교육이 매우 엄격하게 이루어지고 있는 것 같다. 「躾」
란 학교와 같이 제도권에서 다루어지는 교육일반에 관한 것이 아니라 사회나 집단의 규범,
규율, 예의 등에 관한 것들이 관습적으로 몸에 배도록 하는 일종의 가정교육이라 할 수 있
다.

 어느 여름 주말에 사람들이 많이 찾는 공원에 가족과 함께 놀러 간 적이 있다. 공원에는 특
히 어린이를 동반한 가족들이 많았다. 우리 일행은 아이스크림을 사서 가게 앞 테이블에 앉
아 먹고 있었다. 그때 옆 테이블에도 두 아이와 함께 엄마, 아빠, 그리고 할머니로 보이는 5
인 가족이 아이스크림을 각각 하나씩 들고 자리에 앉았다. 이때 5살 정도의 여자아이와 7살
정도로 보이는 남자아이 두 남매가 서로 장난을 치자 부모가 곧바로 주의를 주었다. 그런데
조금 지나자 다시 가볍게 장난을 치다가 여자아이의 아이스크림이 그만 땅에 떨어지고 말았
다. 그러자 부모는 주위사람들을 의식하며 아이들에게 매우 엄하게 주의를 주었고, 여자아
이는 소리죽여 울기 시작하였다. 하지만 할머니를 비롯하여 엄마, 아빠 어느 누구도 아이를
달래거나 하지 않았다. 오히려 주의를 주었는데도 불구하고 말을 듣지 않았기 때문에 너는
아이스크림을 먹을 자격이 없다는 듯이 자신들만 아이스크림을 먹고 있는게 아닌가. 우리의
정서로 보자면 새 것을 사주고 달래줄 것만 같은데 그렇지 않았다. 이와 같은 이야기를 친한
일본인 지인에게 이야기 하자 그것이 바로 가정에서의 「躾」라고 했다. 비단 이뿐만이 아니
라 나라별로 '자식이 장래 어떤 사람으로 성장하였으면 좋겠는가?'라는 질문에 일본인 부모
들이 첫째로 꼽는 것이 "남에게 피해를 끼치지 않는 사람이 되길 바란다"는 것이다. 바로 이
러한 부모들의 의식이 가정에서의 「躾」로 나타나는 것은 아닌가 싶다.

▶ 필수 초급 한자

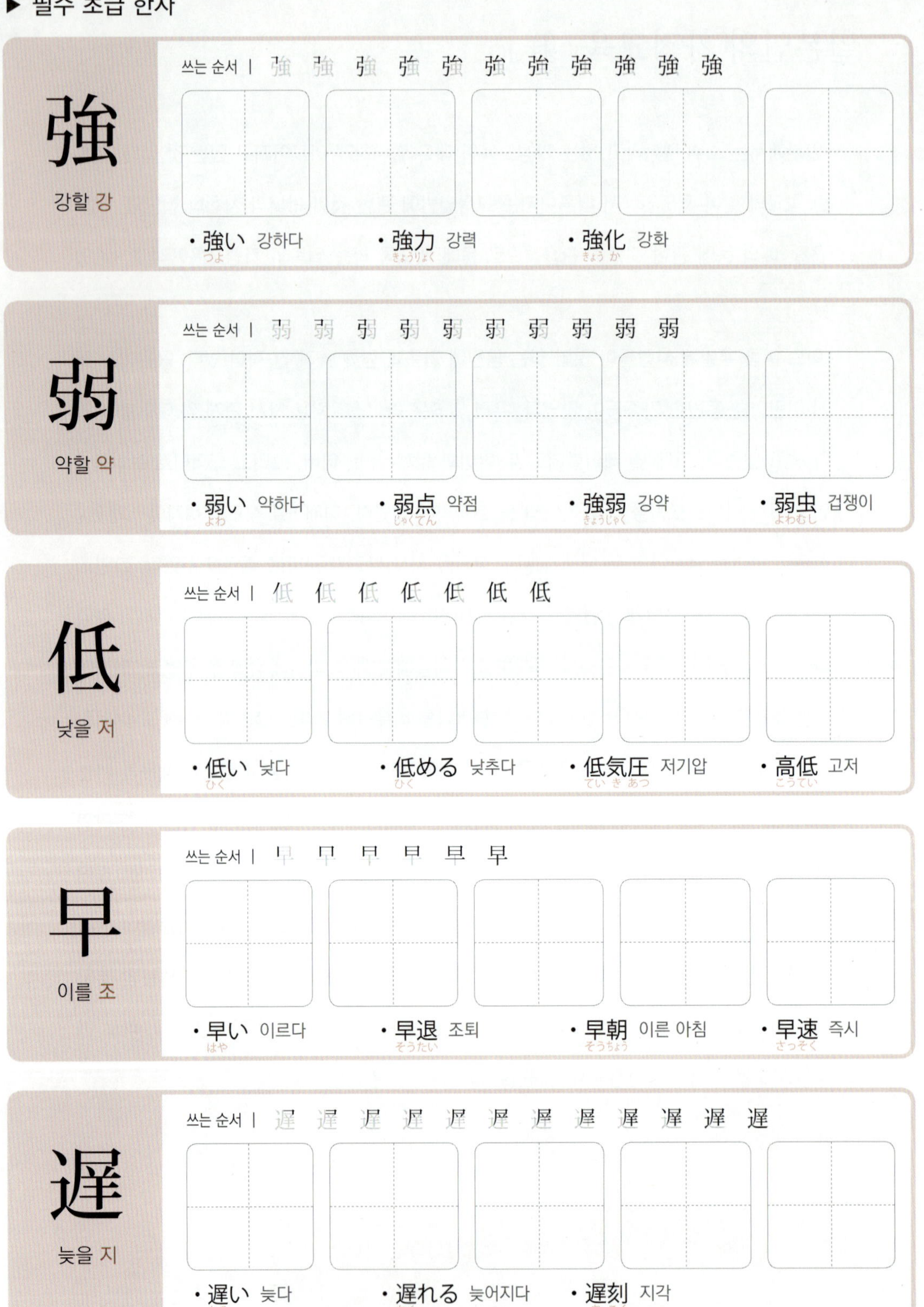

強 강할 강

쓰는 순서 | 強 強 強 強 強 強 強 強 強 強 強

- **強い** 강하다 (つよ)
- **強力** 강력 (きょうりょく)
- **強化** 강화 (きょう か)

弱 약할 약

쓰는 순서 | 弱 弱 弱 弱 弱 弱 弱 弱 弱 弱

- **弱い** 약하다 (よわ)
- **弱点** 약점 (じゃくてん)
- **強弱** 강약 (きょうじゃく)
- **弱虫** 겁쟁이 (よわむし)

低 낮을 저

쓰는 순서 | 低 低 低 低 低 低 低

- **低い** 낮다 (ひく)
- **低める** 낮추다 (ひく)
- **低気圧** 저기압 (てい き あつ)
- **高低** 고저 (こうてい)

早 이를 조

쓰는 순서 | 早 早 早 早 早 早

- **早い** 이르다 (はや)
- **早退** 조퇴 (そうたい)
- **早朝** 이른 아침 (そうちょう)
- **早速** 즉시 (さっそく)

遅 늦을 지

쓰는 순서 | 遅 遅 遅 遅 遅 遅 遅 遅 遅 遅 遅 遅

- **遅い** 늦다 (おそ)
- **遅れる** 늦어지다 (おく)
- **遅刻** 지각 (ち こく)

부록

1 わかる／知る

「わかる」와 「知る」는 모두 「알다」라는 의미가 있으나 「わかる」는 어떠한 내용, 사정, 실체 등을 「이해하다」라는 뜻이 강하고, 「知る」는 정보나 지식을 「가지고 있다」라는 의미가 강하다. 「知る」는 조사 「を」를 취하고, 「わかる」는 조사 「が」를 취한다.

예 ① 田中さんという人は知りません。　　　　다나카 씨를 모릅니다.

② 田中さんという人はどうもわかりません。　다나카 씨는 이해할 수 없는 사람입니다.

❶ 「知る」의 활용에서 쓰이지 않는 형태

압니다　　知っています（○）　　　知ります　　　（×）

모릅니다　知りません　（○）　　　知っていません（×）

❷ 「知る」 틀리기 쉬운 예문

예 ③ 今の説明がわかりましたか。（○）

④ 今の説明を知りましたか。　（×）

④의 예문은 「이해하다」라는 의미가 아니므로 「知る」는 부적절하다.

예 ⑤ 先週の日曜日に中野さんが結婚したことがわかりますか。　（×）

⑥ 先週の日曜日に中野さんが結婚したことを知っていますか。（○）

결혼한 것에 대한 사실(정보)을 아는지 여부를 묻는 경우이므로 「わかる」는 부적절하다.

2 원인, 이유의 ので／から

(1) 접속

종류	기본형	연체형 + ので	종지형 + から
동사	つく	つくので ついたので	つくから ついたから
	食べる	食べるので 食べたので	食べるから 食べたから
い 형용사	楽しい	楽しいので 楽しかったので	楽しいから 楽しかったから
な 형용사	好きだ	好きなので 好きだったので	好きだから 好きだったから
명사 + だ	休みだ	休みなので 休みだったので	休みだから 休みだったから

(2) 용법

❶「ので」: ~어서, ~라서, ~므로

원인이나 이유를 객관적으로 전달하거나 말하는 이 자신이 어떠한 일에 대한 해명이나 변명을 할 때 사용하며, 부드럽고 겸손한 느낌을 준다.

예 ① 昨日は学校が休みだったので、映画を見に行きました。

　　어제는 학교가 휴일이었기 때문에, 영화를 보러 갔습니다.

　② 宿題がたくさんあるので、今日は失礼します。

　　숙제가 많이 있어서, 오늘은 실례하겠습니다.

　③ 昨日の朝は、熱があって苦しかったので、病院へ行きました。

　　어제 아침은 열이 있고 괴로워서 병원에 갔습니다.

❷「から」: ~니까, ~때문에

원인, 이유를 나타내는 대표적 표현으로, 명령, 희망, 의지 등 말하는 이의 주관이 강하게 나타난다.

예 ④ 昨日は疲れたから、早目に布団に入った。

　　어제는 피곤했기 때문에, 일찍 잠자리에 들었다.

　⑤ 今日は日曜日だから、山下さんは家にいるだろう。

　　오늘은 일요일이니까 야마시타씨는 집에 있을 것이다.

　⑥ 6時に迎えに行くから、いっしょにレストランへ行こう。

　　6시에 마중갈테니까, 함께 레스토랑에 가자.

❸ 주의

「ので」는 보통체문의 경우 뒷문장에 명령, 권유 등의 문장을 사용하면 부자연스럽다.

예 ⑦ 時間がないので、急げ。　　　　　（？）

　⑧ 時間がないので、急いでください。（○）

　　시간이 없으므로 서둘러 주세요.

「から」는 「ので」에 비해 정중한 느낌이 없기 때문에, 이유를 정중하게 설명하는 경우는 「ので」를 사용하는 것이 좋다.

예 ⑨ 用事があるから、お先に失礼します。（？）

　⑩ 用事があるので、お先に失礼します。（○）

　　볼일이 있어서 먼서 실례하겠습니다.

3 조건표현 たら/ば/と/なら

(1) 접속

종류	기본형	～たら	～ば	～と
5단 동사 (1그룹 동사)	使う 休む 泳ぐ 話す	使ったら 休んだら 泳いだら 話したら	使えば 休めば 泳げば 話せば	使うと 休むと 泳ぐと 話すと
1단 동사 (2그룹 동사)	起きる 教える	起きたら 教えたら	起きれば 教えれば	起きると 教えると
변격 동사 (3그룹 동사)	する 来る	したら 来たら	すれば 来れば	すると 来ると
い 형용사	楽しい よい	楽しかったら よかったら	楽しければ よければ	楽しいと よいと
な 형용사	静かだ	静かだったら	静かなら（ば）	静かだと
명사 + だ	休みだ	休みだったら	休みなら（ば）	休みだと

(2) 용법

❶「(もし) ～たら」

가정조건, 우연적인 요소가 강하며, 「(동사) たら」의 경우, [A たら B]의 순서는 A한 후에 B의 동작이 일어나는 느낌으로 쓰인다.

예 ① もし、和食料理の本があったら、買ってきてください。

　　만일 일식요리책이 있으면 사와 주세요.

② 今度の日曜日、(もし) 天気がよかったら散歩に行きましょう。

　　이번 일요일 (만약) 날씨가 좋으면 산책을 갑시다.

③ 二十歳になったら、お酒が飲めます。

　　20살이 되면, 술을 마실 수 있습니다.

④ 家に帰ったら、まず手を洗いなさい。

　　집에 돌아오면, 먼저 손을 씻으세요.

❷「～ば」

가정조건, 두 가지의 사항을 대비시키는 경우에 잘 쓰이며, 「(동작동사) ば」의 경우, 뒤 문에 의지, 권유, 명령의 문장이 오지 않는다.

예 ⑤ 眼鏡をかければ、小さい字でも読めます。

　　안경을 쓰면 작은 글자라도 읽을 수 있습니다.

⑥ もし、安ければ買います。安くなければ買いません。

　만일 싸면 삽니다. 싸지 않으면 사지 않습니다.

⑦ 風邪をひけば、この薬を飲んでください。（×）

　감기에 걸리면 이 약을 먹으세요.

　⑦의 경우는 「たら」로 표현한다. 「風邪をひいたら、この薬を飲んでください。」

❸ 「～と」

가정조건, 앞 문장의 상황이 발생하면 반드시 뒷 문장의 상황이 벌어지는, 필연적인 조건을 표현하며, 자연현상, 기계 사용, 길 안내, 수학 계산 등에 잘 쓰인다. 「～と」의 뒤에는 의지, 권유, 명령의 문장이 오지 않는다.

예 ⑧ ソウルでは冬になると，雪が降ります。

　서울에서는 겨울이 되면 눈이 내립니다.

⑨ お金を入れてボタンを押すと、切符が出ます。

　돈을 넣고 버튼을 누르면 표가 나옵니다.

⑩ 右に曲がると、古い本屋があります。

　오른쪽으로 돌면, 헌책방이 있습니다.

⑪ 暖かくなると、花見に行きましょう。（×）

　따뜻해지면 벚꽃구경을 갑시다.

⑫ 夏になると国へ帰るつもりです。　　　（×）

　여름이 되면 고국에 돌아갈 작정입니다.

　⑪, ⑫의 경우 「たら」로 표현한다.

　「暖かくなったら、花見に行きましょう。」,「夏になったら、国へ帰るつもりです。」

❹ 「～なら」

상대방이 말한 것을 받아서, 충고나 기분, 의견 등을 전할 때 쓰인다.

예 ① A：コンピューターを買いたいんですが、どこがいいですか。

　　컴퓨터를 사고 싶습니다만, 어디가 좋을까요?

　B：コンピューターを買うなら、ヨンサン駅の店がいいですよ。

　　컴퓨터를 살거라면, 용산역의 상점이 좋습니다.

② A：鈴木さんはいませんか。

　　스즈키 씨는 안계시나요?

　B：鈴木さんなら、今、食事に出かけましたよ。

　　스즈키 씨라면, 지금 식사하러 나갔어요.

❺ 「〜たら」와 「〜と」는 가정조건 이외에 기정조건의 용법도 있다. 가정조건은 '앞으로 일어날 일을 예상하고 그 일이 발생하면 다음 일이 발생한다'라는 의미의 조건을 표현하지만, 기정조건은 이미 끝난 일을 언급할 때 쓰는 조건표현으로, '~더니, ~하자 …였다'의 의미처럼 의외의 사항, 우연, 발견 등 상황을 표현할 때 사용한다.

예 教室に行ったら、だれもいませんでした。

　　　교실에 갔더니, 아무도 없었습니다.

　　うちへ帰ると、友だちが私を待っていた。

　　　집에 돌아갔더니, 친구가 나를 기다리고 있었다.

4 일본어의 경어

⑴ 경어란 무엇인가?

　경어의 의미는 문자 그대로 상대방을 공경하는 말이다. 그러나 우리가 일상 생활에서 이야기를 하거나 글을 쓸 때에 사용하는 정중한 표현도 넓은 의미에서 경어의 범주에 포함시킬 수 있다.

⑵ 경어의 종류

❶ 존경어(尊敬語)

　상대방이나 화제에 오른 사람(제3자)의 동작과 상태를 높이는 말.

예 先生がいらっしゃいました。　　　　＜来る (오다) ＝いらっしゃる (오시다) ＞

　　　선생님께서 오셨습니다.

　　朝ごはんは何を召し上がりましたか。＜食べる (먹다) ＝召し上がる (드시다) ＞

　　　아침은 무엇을 드셨습니까?

＊존경어의 유형

① 보통체의 말에 「れる／られる」를 붙이거나 혹은 「お・ご〜になる」의 형태로 고치는 경우.

예 待つ　　→　待たれる　　／　お待ちになる

　　かける　→　かけられる　／　おかけになる

단, 「れる／られる」의 경우는 존경의 의미 뿐만 아니라 동일한 형태로 다른 의미로도 쓰이므로 주의해야 한다. 이때 「れる／られる」의 형태를 취하지 않고 보통체의 단어 자체를 존경체의 단어로 바꾸어 말하면 존경의 의미가 명확해진다.

예 社長は明日来られますか。

  ⓐ 社長は明日いらっしゃいますか。 (존경의 의미)

  ⓑ 社長は明日来ることができますか。(가능의 의미)

② 단어 자체를 바꾸는 경우

 예 言う → おっしゃる いる・行く → いらっしゃる

  食べる → 召し上がる 見る   → ご覧になる

  する → なさる

③ 형용사의 경우는 단어 앞에 「お・ご」를 붙인다.

 예 忙しい → お忙しい 多忙だ → ご多忙だ

❷ 겸양어(謙譲語)

자신을 낮추어 겸손하게 말함으로써 상대방을 높이는 말.

 예 私は金と申します。   <いう (말하다) ／申す (아뢰다) ＞

 저는 김이라고 합니다.

 明日の12時にうかがいます。<訪ねる (방문하다) ／伺う (찾아뵙다) ＞

 내일 12시에 찾아뵙겠습니다.

＊겸양어의 유형

 ① お・ご～する의 형태

  예 待つ → お待ちする 相談する → ご相談する

   かける → おかけする

 ② 단어 자체를 바꾸는 경우

  예 言う → 申し上げる いる → おる

   訪問する → 伺う   食べる → いただく

   見る → 拝見する する → 致す

❸ 정중어(丁寧語)

상대방에게 정중하게 말하거나 품위있게 하는 말.

 예 このりんごはおいしいです。 <です(～ㅂ니다)＞ 이 사과는 맛있습니다.

 私は夏休みに日本へ行きます。<ます(～ㅂ니다)＞ 저는 여름방학(휴가)에 일본에 갑니다.

 ご飯はおいしかったですか。 <ご飯(밥)＞ 밥은 맛있으셨습니까?

(3) 많이 사용하는 특수경어

동사	존경어	겸양어
行く	いらっしゃる	参る
来る	いらっしゃる	参る
いる	いらっしゃる	おる
言う	おっしゃる	申す
する	なさる	致す
見る	ご覧になる	拝見する
食べる	召し上がる	いただく
飲む	召し上がる	いただく
会う	お会いになる	お目にかかる
知っている	ご存じだ	存じておる
あげる	×	さしあげる
もらう	×	いただく
くれる	くださる	×
聞く	お聞きになる	伺う
訪ねる	お訪ねになる	伺う

(4) 친족관계 호칭

호칭	남의 가족을 말할 때 (존경)	남에게 자기 가족을 말할 때 (겸양)
할아버지	おじいさん	祖父
할머니	おばあさん	祖母
아버지	お父さん	父
어머니	お母さん	母
남편	ご主人	夫・主人
아내	奥さん（奥様）	妻・家内
형(오빠)	お兄さん	兄
누나(언니)	お姉さん	姉
남동생	弟さん	弟
여동생	妹さん	妹
아들	息子さん	息子
딸	娘さん／お嬢さん	娘
손자(손녀)	お孫さん	（うちの）孫

(5) 일본어 경어 사용시 유의 사항

❶ 일본어 경어와 한국어 경어의 가장 큰 차이점은 자기 가족을 남에게 이야기할 때 자기 가족을 낮추어(겸양) 말한다는 점이다. 다음의 예문을 보자.

(타인으로부터 아버지를 찾는 전화가 걸려 왔을 때)
ⓐ お父さんは今いらっしゃいません。（×）
ⓑ 父は今おりません（いません）。　　（○）

일본어의 경어법을 잘 모르는 한국인이라면 당연히 ⓐ와 같이 말할 것이다. 그러나 일본어에서는 타인에게 자기 가족을 높여서 말하는 것은 실례가 되므로 반드시 ⓑ와 같이 말해야 한다. 이 때 가족 호칭뿐만 아니라 「いらっしゃる」와 같은 경어동사 부분에도 유의해야 한다.

❷ 일본어에서 타인에게 자기 가족을 높여 말하지 않는 것은 직장에서도 마찬가지이다.
다음의 예를 보자.

(외부사람으로부터 사장님을 찾는 전화가 걸려 왔을 때)
ⓐ 社長さまは今いらっしゃいません。（×）
ⓑ 社長は今おりません（いません）。（○）

이 경우에도 자기가 속한 집단(회사나 관청 등)의 사람을 외부인에게 높여서 말하는 것은 실례가 되므로 반드시 ⓑ와 같이 말해야 한다.

ⓑ의 예문은 「外出中です(지금 외출 중입니다)」 등과 같이 높이지도 않고 낮추지도 않는 중립적인 표현을 사용할 수 있다. 그러나 자기 가족 또는 자기가 속한 집단의 사람(うちの人)이 설령 자기보다 높은 사람이라도 타인(そとの人)에게 말할 때는 높여서 말하지 않는다는 점에 유의해야 한다.

5 동사의 종류

(1) 활용에 따른 분류

❶ 5단활용동사 (1그룹동사)

동사 활용할 때, 다섯 단에 걸쳐서 활용하는 동사.

예 行く／読む／会う／話す／しぬ／乗る／遊ぶ 등

❷ 1단활용동사 (2그룹동사)

동사 활용할 때, 한 단에만 고정되어 있어 단의 변화가 없는 동사.

예 起きる／食べる／見る／始める 등

❸ 변격활용동사 (3그룹동사)

활용이 불규칙적인 동사.

예 する／来る

(2) 동작성에 따른 분류

❶ 상태 동사

동사는 움직임을 나타내는 품사이지만, 일본어 동사 중에서 움직임을 전혀 나타내지 않고, 단순히 존재를 표현하거나, 성질, 속성 등의 의미를 갖는 동사들이 있다. 이러한 동사를 상태동사라고 한다.

예 존재　　　 : ある／いる

　속성・성질 : すぐれる／とがる 등

❷ 동작 동사

동사의 고유 성질인 움직임, 즉 동작이나 변화의 의미를 갖는 동사를 말한다.

예 순수한 동작 : 読む　／書く　／食べる 등

　이동　　　 : 行く　／入る　／帰る　／出る 등

　변화　　　 : 増える／消える／変わる／太る 등

(3) 의지의 유무에 따른 동사

❶ 의지 동사

주어가 스스로의 의지를 갖고 행위를 하는 동사

예 食べる／見る／聞く／書く／歩く 등

❷ 무의지 동사

어떤 동작이나 움직임, 변화 등을 나타내지만, 말하는 사람의 의지에 의해 움직이는 것이 아니라, 의도하지 않는데도 그 행위가 일어남의 의미를 갖는 동사. 주로, 감정, 감각을 표현하는 동사가 많다.

예 聞こえる／見える／笑う／泣く 등

(4) 수동형에 따른 동사

❶ 능동사(能動詞)

수동형을 만들 수 있는 동사. 타동사와 수동형이 가능한 자동사가 포함된다.

예 食べる／なぐる／ほめる／来る／行く／泣く 등

❷ 소동사(所動詞)

수동형을 만들 수 없는 동사.

예 ある／いる／できる 등

6 자동사와 타동사

자동사란「を」격 목적어를 갖지 않는 동사를 말하며, 주어의 동작, 변화를 나타내는 동사이다.
타동사란「を」격 목적어를 갖는 동사를 말하며, 주어의 의지에 의해 목적어에 동작, 변화를 일으키는 동사이다.

예 자동사 : ドアが開きます。
　　타동사 : 山田さんがドアを開けました。

번호	자동사	타동사	뜻	번호	자동사	타동사	뜻
1	上がる	上げる	오르다 / 올리다	32	出る	出す	나오다 / 내다
2	かかる	かける	걸리다 / 걸다	33	増える	増やす	늘다 / 늘리다
3	下がる	下げる	내리다 / 내리다	34	冷める	冷ます	식다 / 식히다
4	閉まる	閉める	닫히다 / 닫다	35	冷える	冷やす	차가워지다 / 차게하다
5	始まる	始める	시작되다 / 시작하다	36	燃える	燃やす	타다 / 태우다
6	終わる	終える	끝나다 / 끝내다	37	慣れる	慣らす	익숙해지다 / 익숙하게 하다
7	変わる	変える	바뀌다 / 바꾸다	38	逃げる	逃がす	도망가다 / 도망치다
8	集まる	集める	모이다 / 모으다	39	倒れる	倒す	쓰러지다 / 쓰러뜨리다

No.				No.			
9	止まる と	止める と	멈추다 / 세우다	40	壊れる こわ	壊す こわ	망가지다 / 망가뜨리다
10	当たる あ	当てる あ	맞다 / 맞추다	41	汚れる よご	汚す よご	오염되다 / 더럽히다
11	決まる き	決める き	결정되다 / 결정하다	42	流れる なが	流す なが	흐르다 / 흘려보내다
12	伝わる つた	伝える つた	전해지다 / 전하다	43	あらわれる	あらわす	나타나다 / 나타내다
13	受かる う	受ける う	붙다 / 받다, (시험을)치다	44	隠れる かく	隠す かく	숨다 / 숨기다
14	助かる たす	助ける たす	도움이 되다 / 도와주다	45	離れる はな	離す はな	떨어지다 / 떼다
15	開く あ	開ける あ	열리다 / 열다	46	減る へ	減らす へ	줄다 / 줄이다
16	つく	つける	켜지다 / 켜다	47	動く うご	動かす うご	움직이다 / 움직이다
17	立つ た	立てる た	서다 / 세우다	48	もれる	もらす	새다 / 새게하다
18	育つ そだ	育てる そだ	자라다 / 키우다	49	伸びる の	伸ばす の	늘다 / 늘리다
19	並ぶ なら	並べる なら	진열되다 / 진열하다	50	生きる い	生かす い	살다 / 살리다
20	進む すす	進める すす	나아가다 / 전진시키다	51	起きる お	起こす お	일어나다 / 일으키다
21	届く とど	届ける とど	배달되다 / 배달하다	52	落ちる お	落とす お	떨어지다 / 떨어뜨리다
22	やむ	やめる	멎다 / 그만두다	53	降りる お	降ろす お	내리다 / 내리다
23	続く つづ	続ける つづ	계속되다 / 계속하다	54	残る のこ	残す のこ	남다 / 남기다
24	入る はい	入れる い	들어가다 / 넣다	55	移る うつ	移す うつ	옮겨지다 / 옮기다
25	取れる と	取る と	얻어지다 / 얻다, 취하다	56	通る とお	通す とお	지나다 / 지나가게하다
26	切れる き	切る き	끊어지다 / 자르다, 끊다	57	なおる	なおす	고쳐지다 / 고치다
27	焼ける や	焼く や	타다 / 굽다, 태우다	58	まわる	まわす	돌다 / 돌리다
28	割れる わ	割る わ	깨지다 / 깨다	59	渡る わた	渡す わた	건너다 / 건네다
29	折れる お	折る お	꺾이다 / 꺾다	60	消える き	消す け	꺼지다 / 끄다
30	見える み	見る み	보이다 / 보다	61	ふさがる	ふさぐ	막히다 / 막다
31	生まれる う	生む う	태어나다 / 낳다	62	つかまる	つかむ	잡히다 / 움켜쥐다, 붙잡다

7 사역 표현　せる／させる

'~에게 ~을 시키다'와 같이 다른 사람에게 어떤 행동을 하도록 시키는 것을 말한다. 이와 같은 사역 표현은 강제, 허가, 방임, 유발 등의 의미를 표현한다.

(1) 사역문 만들기

❶　　　　　<u>子どもが</u>　仕事を　手伝う。　　　　아이가 일을 돕다.
　　　　　　　↓
　　親が　<u>子どもに</u>　仕事を　手伝わせる。　　부모가 아이에게 일을 돕게 하다.
　　시키는 사람

❷　　　　　　<u>学生たちが</u>　走る。　　　　　　학생들이 달리다.
　　　　　　　　↓
　　先生が　<u>学生たちを</u>　走らせる。　　　선생님이 학생들을 달리게 하다.
　　시키는 사람

2) 의미

❶ 강제적으로 어떠한 행위를 하게 함. (강제)
　③ (むりやり) 子どもに部屋を掃除させます。
　　　(억지로) 아이에게 방청소를 시킵니다.
　④ お母さんは子どもに荷物を持たせました。
　　　엄마는 아이에게 짐을 들게 했습니다.

❷ 행위를 하도록 허가함. (허가, 방임)
　⑤ 子どもにテレビゲームをさせておきます。
　　　아이에게 텔레비전 게임을 하게 둡니다.
　⑥ 母はいつも私たちに自由に本を選ばせてくれました。
　　　엄마는 항상 우리에게 자유로이 책을 고르게 해 주었습니다.
　⑦ その仕事は私にやらせてください。
　　　그 일은 제게 하게 해 주세요.

❸ 감정을 유발시킴. (유발)
　⑧ 私はうそを言って、母を怒らせました。
　　　나는 거짓말을 해서 엄마를 화나게 했습니다.
　⑨ 子どもの小さなプレゼントが親を喜ばせます。
　　　아이의 작은 선물이 부모를 기쁘게 합니다.

8 수동 표현 れる／られる

능동 표현이 동작을 한 사람을 주어로 표현하는 것이라면, 수동 표현은 동작이나 작용 등 영향을 받은 대상을 주어로 표현하는 것을 말한다. 이러한 수동 표현은 동작주보다 동작의 영향을 받은 사람의 입장에서 말할 때, 문장의 주어를 일치시킬 때, 사회적인 현상을 객관적으로 기술할 때 주로 쓰인다.

(1) 직접수동문

기본적으로 타동사가 쓰인 능동문을 수동문으로 바꾼 것을 말한다.

❶ 능동문 先生が 私を   ほめました。　　　　　　선생님이 나를 칭찬했습니다.

　수동문 私は   先生に ほめられました。　　　　나는 선생님께 칭찬 받았습니다.

❷ 능동문 父が 私を しかりました。　　　　　　　아버지가 나를 야단쳤습니다.

　수동문 私は 父に しかられました。　　　　　　나는 아버지에게 야단맞았습니다.

(2) 소유자수동문

주어의 신체 일부나 소유물에 해가 입었음을 표현할 때 사용한다.

❸ 능동문 妹は 私の りんごを 食べました。　　　여동생은 내 사과를 먹었습니다.

　수동문 私は 妹に りんごを 食べられました。　나는 여동생에게 사과를 먹혀버렸습니다.

❹ 능동문 どろぼうが 私の   財布を 盗みました。　도둑이 내 지갑을 훔쳤습니다.

　수동문 （私は）   どろぼうに 財布を 盗まれました。나는 도둑에게 지갑을 도둑맞았습니다.

(3) 간접수동문

직접적인 행위가 아닌 어떠한 상황으로 인해 피해를 입은 사람의 입장에서 표현한 수동문으로, 「迷惑の受身」, 「被害の受身」라고도 한다. 간접수동문의 경우는 자동사문도 수동문이 가능하며, 대응하는 능동문이 없으며, 일본어만의 특징이기도 하다.

❺ 수동문 私は雨に降られた。　　　　　　　　　　　나는 비를 맞았다.

　　　　예상되는 능동문 「雨が降った」만으로 같은 의미를 갖지 않는다.

❻ 私は一晩中、子どもに泣かれて、困った。　　　나는 밤새 아이가 울어서 괴로웠다.

❼ （私は）隣の人にコーヒーをこぼされました。　옆 사람이 (나에게) 커피를 쏟았습니다.

9 사역수동 표현　せられる／させられる

사역형과 수동형이 결합된 형태로, 자신의 행위가 본인의 의사와 상관없이 다른 사람의 강요로 인하여 하게 되었을 때 사용하며, '어쩔 수 없이 ~하다'라는 의미를 나타낸다.

❶ 私は先輩にお酒を飲ませられました。

　　나는 선배의 강요에 의해서 술을 마시게 되었습니다.

　　＊「私はお酒を飲みました」라는 의미이지만, 이 경우 자신의 의지로 술을 마셨다는 뜻이 된다.

❷ 子どもの時、母に食べたくないものを食べさせられました。

　　어렸을 때, 엄마 때문에 먹고 싶지 않은 것을 억지로 먹었습니다.

❸ (私は) 上司に毎朝、コーヒーを入れさせられます。

　　나는 상사에게 매일 아침 (하기 싫지만 어쩔수 없이) 커피를 타 줍니다.

비교) 掃除する／掃除させる／掃除させられる

❶ 능동문　　私は兄の部屋を掃除しました。　　　　나는 형 방을 청소했습니다.
　　　　　　행위를 한 나를 주어로 문장을 쓴 것이다.

❷ 사역문　　母は私に兄の部屋を掃除させました。　엄마는 나에게 형 방 청소를 시켰습니다.
　　　　　　엄마가 나에게 형 방청소를 시켰음을 표현한 것이다.

❸ 사역수동문　私は母に兄の部屋まで掃除させられました。
　　　　　　　　　　　　　　　　　　엄마는 나에게 형 방까지 청소시켰습니다.
　　　　　　내가 형의 방을 청소한 것은 자발적인 것이 아니라, 엄마가 시켜서 억지로 했음을 표현한 것이다.

종류	수동	사역	사역수동
5단 동사 (1그룹 동사)	ナイ형 + れる 行かれる	ナイ형 + せる 行かせる	ナイ형 + せられる 行かせられる
1단 동사 (2그룹 동사)	ナイ형 + られる 食べられる	ナイ형 + させる 食べさせる	ナイ형 + させられる 食べさせられる
변격 동사 (3그룹 동사)	される 来られる	させる 来させる	させられる 来させられる

＊ 5단동사의 경우「～せられる」를「～される」로 축약해서 쓸 수 있다.

　단,「す」로 끝나는 동사는 예외이다. 예) 話す：話さされる（×）／　話させられる（○）

01 3キロも 太ってしまいました。

1

① さらを洗っています。
② レポートを書いています。
③ 山田さんがご飯を食べています。
④ パクさんが本を読んでいます。

2

① A：どうしたんですか。
　 B：授業中に寝てしまいました。
② A：どうしたんですか。
　 B：宿題を忘れてしまいました。
③ A：どうしたんですか。
　 B：友だちとけんかをしてしまいました。
④ A：どうしたんですか。
　 B：ダイエット中にケーキを
　　　食べてしまいました。

3

① 辛くなくておいしかったです。
② 道がわからなくて心配でした。
③ 友達が元気じゃなくて心配しました。
④ ラーメンがなくてうどんを食べました。

4

① 山田さんはめがねをかけて、
　黒いズボンをはいています。
② パクさんはピアスをして、
　ピンクのスカートをはいています。
③ 田中さんは黄色いぼうしをかぶって、
　赤いくつをはいています。
④ チェさんは茶色いセーターを着て、
　腕時計をしています。

---

5 CDを聞いて、誰がしていることか、🎧02
　絵に合う名前を書きましょう。

A：わぁ、これは何の写真ですか。
B：誕生日パーティーの写真です。
A：料理を作っている女の人は誰ですか。
B：この人は、アンさんです。
A：お酒を飲んでいるハンサムな人は誰ですか。
B：この人は森さんです。
　とても人気がありますよ。
A：そうですか。
　この写真をとっている人は誰ですか。
B：この人は山田さんです。
　それから、となりでおしゃべりを
　している人がパクさんです。
A：そうですか。

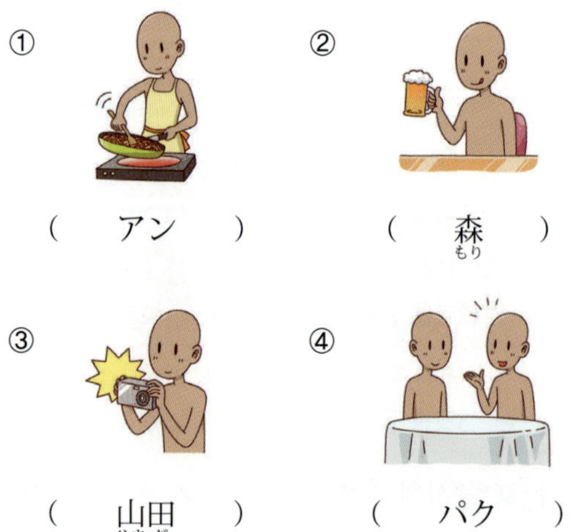

① （　アン　）
② （　森　）
③ （　山田　）
④ （　パク　）

02 みんなで踊ったり 花火を見たりします。

1

① ご飯を食べる前に手を洗います。
② 学校に行く前に新聞を読みます。
③ デートをする前に化粧をします。
④ パーティーをする前にケーキを作ります。

2

① 運動した後、シャワーを浴びます。
　運動してから、シャワーを浴びます。
② 授業を受けた後、図書館に行きます。
　授業を受けてから、図書館に行きます。
③ 買い物をした後、料理を作ります。
　買い物をしてから、料理を作ります。
④ 勉強した後、テレビを見ます。
　勉強してから、テレビを見ます。

3

① A：宝くじに当たったらどうしますか。
　B：宝くじに当たったら
　　パソコンを買います。
② A：お金をひろったらどうしますか。
　B：お金をひろったら交番に行きます。
③ A：芸能人に会ったらどうしますか。
　B：芸能人に会ったら写真をとります。
④ A：彼氏が他の人と遊んだらどうしますか。
　B：彼氏が他の人と遊んだら別れます。

4

① A：週末、何をしますか。
　B：買い物したり友だちに会ったりします。
② A：デートの時、何をしますか。
　B：映画を見たりカフェへ行ったりします。
③ A：冬休み、何をしますか。
　B：日本語を習ったり旅行したりします。
④ A：授業の後、何をしますか。
　B：図書館へ行ったり
　　アルバイトをしたりします。

5 CDを聞いて、質問に合う答えを書きましょう。 04

① 山田：イさんはひまな時、何をしますか。
　イ　：本を読んだり掃除をしたりします。
　　　　山田さんは？
　山田：私は料理をしたり映画を見たりします。
② 森　：アンさん、昨日、何をしましたか。
　アン：昨日は久しぶりに彼氏とデートしま
　　　　した。映画を見たりおいしい料理を
　　　　食べたりして楽しかったです。
　森　：いいですね。
　アン：森さんは何をしましたか。
　森　：私は運動したり
　　　　宿題をしたりしました。
③ 田中：キムさん、最近、忙しいですか。
　キム：はい、図書館と家を
　　　　行ったり来たりしています。
　田中：どうしてそんなに忙しいんですか。
　キム：来週、授業で発表があります。
　田中：そうですか。大変ですね。

① 料理をしたり映画を見たりします。
② 映画を見たり

おいしい料理を食べたりしました。
③ 来週、授業で発表があるからです。

03 お土産を買いすぎました。

1

① 車が止まっています。
車が止めてあります。
② 電気が消えています。
電気が消してあります。
③ ドアが開いています。
ドアが開けてあります。
④ 冷蔵庫にジュースが入っています。
冷蔵庫にジュースが入れてあります。

2

① 部屋の後ろに時計がかけて
（います ・ **あります**）
② カバンの中にボールペンが入って
（**います** ・ あります）
③ 本が並べて（います ・ **あります**）
④ 部屋が汚れて（**います** ・ あります）

3

① A：このケータイは使いやすいですか。
　B1：はい、軽くて使いやすいです。
　B2：いいえ、重くて使いにくいです。
② A：キムさんは話しやすいですか。
　B1：はい、やさしくて話しやすいです。
　B2：いいえ、こわくて話しにくいです。

③ A：この漢字はおぼえやすいですか。
　B1：はい、かんたんでおぼえやすいです。
　B2：いいえ、ふくざつでおぼえにくいです。
④ A：この町は住みやすいですか。
　B1：はい、交通が便利で住みやすいです。
　B2：いいえ、交通が不便で住みにくいです。

4

① 歩きすぎて足が痛いです。
② 食べすぎて眠いです。
③ フェリーがゆれすぎて気分が悪いです。
④ 部屋がせますぎてストレスがたまります。

5 CDを聞いて、質問に合う答えを
書きましょう。 **06**

パク：田中さん、どうしたんですか。

元気がないですね。
田中：はい……。実は昨日、

お酒を飲みすぎて気分が悪いんです。
パク：そんなに飲みましたか。
田中：はい……。

友だちの誕生日でビールを飲んだり
ウイスキーを飲んだりしました。
パク：ウイスキーも？
田中：とても飲みやすくて、おいしかったです

が、最初にビールを飲みすぎました。
家に帰って休みたいです。
パク：そうですね。

早く帰ってゆっくり休んでください。
田中：はい、そうします。
パク：これからは飲みすぎないでくださいね。

もうすぐテストもありますから。

① お酒を飲みすぎて気分が悪いからです。

② ビールとウイスキーです。

③ 早く帰ってゆっくり休むこと

04 都合がよければ見に来てください。

1

① A：遊びに行きませんか。

　 B：試験が終われば行きます。

② A：散歩に行きませんか。

　 B：天気がよければ行きます。

③ A：ケータイを買いに行きませんか。

　 B：新しいモデルがあれば行きます。

④ A：ご飯を食べに行きませんか。

　 B：（あなたが）おごれば行きます。

2

① 勉強しないで試験を受けました。

② ニュースを見ないで会社に行きました。

③ 窓を閉めないで出かけました。

④ 韓国に帰らないで日本を旅行しました。

3

① スポーツはルールを守らなければなりません。

② 今日は早く帰らなければなりません。

③ 週末はアルバイトに行かなければなりません。

④ 家でレポートを書かなければなりません。

4

① A：どうして遅刻したんですか。

　 B：ねぼうしたんです。

② A：どうしてアルバイトを始めたんですか。

　 B：お金がなかったんです。

③ A：どうして飲み会に来なかったんですか。

　 B：忘れたんです。

④ A：どうして早く帰ったんですか。

　 B：頭が痛かったんです。

5　CDを聞いて、aとbのうち　　　　08
　　　内容に合う絵に○をつけましょう。

① A：学校が終わってから

　　　何をするつもりですか。

　 B：図書館に行きます。

　　　レポートを書かなければならないんです。

　 A：そうですか。私も一緒に行きます。

② A：どんな人が好きですか。

　 B：そうですね……。

　　　やっぱりハンサムな人がいいです。

　 A：そうですか。背が高い人がいいですか。

　 B：はい。

　　　私より背が高くなければなりません。

③ A：週末は何をしますか。

　 B：ミョンドンに行く予定です。

　 A：遊びに行くんですか。いいですね。

　 B：いえ、友だちと一緒にアルバイトを

　　　しなければならないんです。

　 A：そうですか。どんなアルバイトですか。

　 B：カフェでアルバイトをします。

　 A：がんばってくださいね。

① a　　　② b　　　③ a

05 応援に来てくれてうれしかったです。

1

① パクさんは山田さんに腕時計をあげました。
② イムさんは森さんにリボンをあげました。

2

① パクさんは山田さんに自転車をもらいました。
② 森さんはイムさんにゆびわをもらいました。

3

① カンさんは私にＣＤをくれました。
② 中田さんは（私の）息子にかばんをくれました。

4

① パクさんは山田さんに料理を作ってもらいました。
② イムさんは森さんに写真をとってもらいました。

5

① カンさんは（私の）妹にジュースを買ってくれました。
② カンさんは中村さんに学校を案内してあげました。
③ アンさんは中田さんにハンカチを貸してあげました。
④ アンさんは私の相談にのってくれました。

6 CDを聞いて、それぞれ（　）に何をあげたかを書きましょう。 🎧10

山田：キムさん、そのネックレスすてきですね。

キム：ありがとうございます。
誕生日に田中さんがくれたんです。

山田：そうですか。あ、アンさん。
今日のシャツ、とてもきれいですね。
よく似合っていますよ。

アン：ありがとうございます。
パクさんにもらったんです。

山田：いいですね。
みんなプレゼントをもらって。
あ、森さんのピアスもプレゼントですか。

森：はい、そうです。
イムさんがプレゼントしてくれたんです。

山田：そうですか。
どうして私には誰もプレゼントして
くれないんでしょうか……。

① イム　→（　ピアス　）→　森
② 田中　→（　ネックレス　）→　キム
③ パク　→（　シャツ　）→　アン

06 みんな私に会いたがっていると思います。

1

① 最近、田中さんは彼女をほしがっています。
② 最近、パクさんは自転車をほしがっています。
③ 最近、森さんはかばんをほしがっています。
④ 最近、アンさんは車をほしがっています。

2

① 佐藤さんは免許をとりたがっています。
② イさんはロンドンに行きたがっています。
③ 渡辺さんはワインを飲みたがっています。
④ ヤンさんはアナウンサーに
　なりたがっています。

3

① A ：着物を着たことがありますか。
　B1：はい、あります。
　B2：いいえ、着たことがありません。
② A ：新幹線に乗ったことがありますか。
　B1：はい、あります。
　B2：いいえ、乗ったことがありません。
③ A ：外国人に道を教えたことがありますか。
　B1：はい、あります。
　B2：いいえ、教えたことがありません。
④ A ：芸能人にサインをもらったことが
　　　 ありますか。
　B1：はい、あります。
　B2：いいえ、もらったことがありません。

4

① A ：足が痛いんです。
　B ：それなら、病院に行ったほうが
　　　 いいですよ。
② A ：明日は試験なんです。
　B ：それなら、お酒を飲まないほうが
　　　 いいですよ。
③ A ：やせたいんです。
　B ：それなら、甘い物を食べないほうが
　　　 いいですよ。

④ A ：来週は友だちの結婚式なんです。
　B ：それなら、フォーマルな服を着た
　　　 ほうがいいですよ。

5　CDを聞いて、誰が何を　🎧12
　　　ほしがっているか線で結びましょう。

田中：来週はイムさんとチェさんの
　　　誕生日ですね。
　　　プレゼントは何がいいでしょうか。
パク：そうですね。二人の好きな物を
　　　プレゼントしたほうがいいですね。
田中：あ、そういえば昨日、チェさんが
　　　雑誌を見ながらネックレスがほしいと
　　　言っていましたよ。
パク：ネックレス、いいですね。
　　　私は今ピアスがほしいです。
田中：じゃ、パクさんの誕生日には、
　　　ピアスをプレゼントしてあげますよ。
パク：ありがとうございます。イムさんの
　　　プレゼントはどうしましょうか。
田中：あ、イムさんはシャツを
　　　買いたがっていましたよ。
パク：では、イムさんにはシャツを
　　　プレゼントしましょう。
田中：はい、そうしましょう。

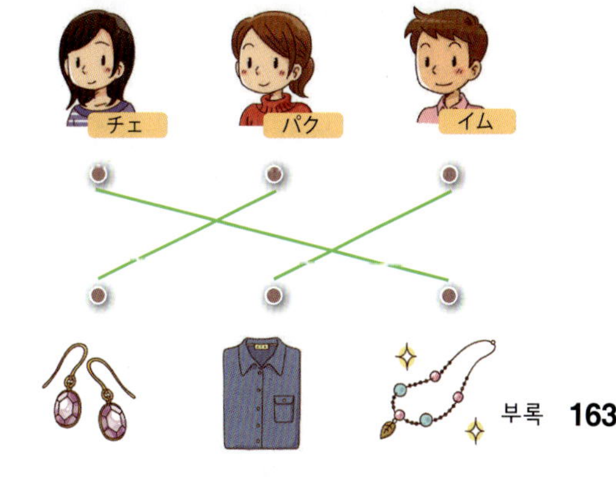

07 アルバイトを休もうと思っています。

1

① A：写真をとってもいいですか。

　B1：はい、とってもいいですよ。

　B2：いいえ、とってはいけません。

② A：授業中にパンを食べてもいいですか。

　B1：はい、食べてもいいですよ。

　B2：いいえ、食べてはいけません。

③ A：窓を開けてもいいですか。

　B1：はい、開けてもいいですよ。

　B2：いいえ、開けてはいけません。

④ A：車で来てもいいですか。

　B1：はい、車で来てもいいですよ。

　B2：いいえ、車で来てはいけません。

2

① A：勉強しなくてもいいですか。

　B：はい、明日はテストがありませんから
　　しなくてもいいです。

② A：アルバイトに行かなくてもいいですか。

　B：はい、今日は定休日ですから
　　行かなくてもいいです。

③ A：家に帰らなくてもいいですか。

　B：はい、友だちの家に泊まりますから
　　帰らなくてもいいです。

④ A：料理をしなくてもいいですか。

　B：はい、今日は外食をしますから
　　しなくてもいいです。

3

① A：来週は何か予定がありますか。

　B：はい、スキーをしようと思っています。

② A：日曜日は何か予定がありますか。

　B：いいえ、ゆっくり休もうと思っています。

③ A：明日は何か予定がありますか。

　B：はい、会社でミーティングをしようと
　　思っています。

④ A：冬休みは何か予定がありますか。

　B：はい、チベットへ旅行に行こうと
　　思っています。

4　CDを聞いて、してもよいことに○、してはいけないことに×をつけましょう。

① A：ここでタバコを吸ってもいいですか。

　B：ここは子どもが多いから、吸っては
　　いけません。

② A：暑いですから窓を開けてもいいですか。

　B：開けてもいいですが、
　　帰る時に閉めてください。

③ A：きれいで広い部屋ですね。
　　ここでお菓子を食べてもいいですか。

　B：今日、掃除しましたから、
　　食べてはいけません。

④ A：あ！芸能人ですよね。
　　友だちがファンなんです。
　　写真をとってもいいですか。

　B：今は仕事中ですから、
　　とらないでください。

① ×　　　② ○　　　③ ×　　　④ ×

5 CDを聞いて、質問に合う答えを書きましょう。　🎧 15

A：明日から３連休ですね。
何をするつもりですか。
B：日本に遊びに行くつもりです。
A：いいですね。どこに行くんですか。
B：大阪に行って、たこ焼きを食べたり
キャラクターグッズを買ったりしようと
思っています。
A：今からいろいろ調べなくては
いけませんね。
B：はい、でも日本に友だちがいるから
心配しなくてもいいです。
A：わぁ、今から楽しみですね。
お土産待ってます。

① 日本に遊びに行こうと思っています。
② たこ焼きを食べたりキャラクターグッズを
買ったりしようと思っています。

🔵08 運転できるように なりました。

1

① A ：泳ぐことができますか。
　B1：はい、泳ぐことができます。
　B2：いいえ、泳ぐことができません。
② A ：一人で旅行に行くことができますか。
　B1：はい、一人で旅行に行くことが
　　　できます。
　B2：いいえ、一人で旅行に行くことが
　　　できません。

③ A ：車の運転ができますか。
　B1：はい、車の運転ができます。
　B2：いいえ、車の運転ができません。
④ A ：フィギュアスケートができますか。
　B1：はい、フィギュアスケートができます。
　B2：いいえ、
　　　フィギュアスケートができません。

2

① A ：なっとうが食べられますか。
　B1：はい、食べられます。
　B2：いいえ、食べられません。
② A ：日本語でメールが書けますか。
　B1：はい、書けます。
　B2：いいえ、書けません。
③ A ：朝早く起きられますか。
　B1：はい、起きられます。
　B2：いいえ、起きられません。
④ A ：カヌーに乗れますか。
　B1：はい、乗れます。
　B2：いいえ、乗れません。

3

① A ：明日の天気はどうでしょうか。
　B ：そうですね。
　　　明日は雪が降るかもしれません。
② A ：明日の天気はどうでしょうか。
　B ：そうですね。
　　　明日は風が強いかもしれません。
③ A ：明日の天気はどうでしょうか。
　B ：そうですね。
　　　明日は雨かもしれません。

④ A：明日の天気はどうでしょうか。
　 B：そうですね。
　　　明日はくもりかもしれません。

4

① A：日本語の勉強はどうですか。
　 B：漢字が書けるようになりました。
② A：日本語の勉強はどうですか。
　 B：日本人と話せるようになりました。
③ A：日本語の勉強はどうですか。
　 B：日本語でメールが送れるように
　　　なりました。
④ A：日本語の勉強はどうですか。
　 B：日本語で電話できるようになりました。

オリンピックは必ず見ます。
スヤン：アンさんは何が得意ですか。
アン　：料理です。料理なら何でも作れます。
山田　：わぁ。今度作ってください。

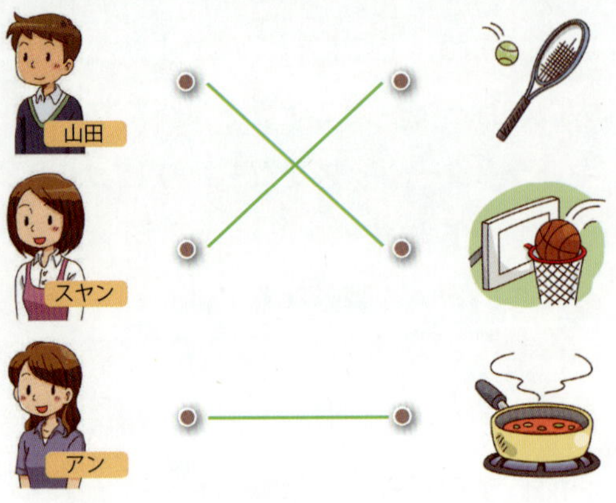

5　CDを聞いて、それぞれが得意な
　　　ことを線で結びましょう。　🎧17

アン　：スヤンさん、趣味は何ですか。
スヤン：そうですね。スポーツは全部好きです。
山田　：すごいですね。
　　　　どんなスポーツが得意ですか。
スヤン：テニスが得意です。
アン　：うらやましいですね。
　　　　私もしてみたいです。
　　　　山田さんはどんなスポーツが
　　　　できますか。
山田　：私はあまりスポーツが好きでは
　　　　ありませんが、バスケットボールは
　　　　できます。アンさんはどんなスポー
　　　　ツができますか。
アン　：私は全然できません。
　　　　でも、見るのは好きです。

09 連休なのに、あまり　道がこんでいませんね。

1

① 友だちが来るので、掃除します。
② 誕生日なので、お酒を飲みます。
③ かぜをひいたので、病院に行きます。

2

① 早く起きたのに、遅刻しました。
② 2時間も待ったのに、
　　キムさんは来ませんでした。
③ 宿題が多いのに、時間がありません。

3

① A：どうして学校を休んだんですか。
　 B：頭が痛かったからです。

② A：どうして人気があるんですか。

B：性格がいいからです。

③ A：どうしてにんじんを食べないんですか。

B：味が好きじゃないからです。

④ A：どうして本を読まないんですか。

B：字を見ると眠くなるからです。

4

① A：このケータイをどう思いますか。

B：うすいし、軽いし、

使いやすいと思います。

② A：この本をどう思いますか。

B：厚いし、字が多いし、

読みにくいと思います。

③ A：このベッドをどう思いますか。

B：大きいし、やわらかいし、

眠りやすいと思います。

④ A：この授業をどう思いますか。

B：先生もやさしいし、ふんいきもいいし、

後輩にすすめたいと思います。

5

① A：明日の天気はどうですか。

B：天気予報によると、雪だそうですよ。

② A：あの本はどうですか。

B：先輩によると、

とてもむずかしいそうですよ。

③ A：彼の性格はどうですか。

B：クラスメートによると、

真面目でやさしいそうですよ。

④ A：新しい先生はどうですか。

B：学生によると、

おもしろくて親切だそうですよ。

6 CDを聞いて、質問に合う答えを書きましょう。 🎧 19

パク：田中さん、明日は何をするつもりですか。

田中：明日は久しぶりの休みなので、

家でゆっくり休もうと思っています。

パクさんは？

パク：私は映画を見に行こうと思っています。

もし時間があれば一緒に映画を見に

行きませんか。

田中：掃除もしたいし、洗濯もしたいので、

午後なら大丈夫です。

キムさんも行きませんか。

キム：私は週末なのに仕事があるんです。

田中：えっ！どうして週末なのに仕事が

あるんですか。

キム：最近、仕事が急に増えたからです。

上司によると来週からまた仕事が

増えるそうなので心配です。

パク：それは大変ですね。

田中：無理をしないようにしてくださいね。

① 家でゆっくり休もうと思っていました。

② パクさんと田中さんです。

🔟 雨に降られたので、かさを買いました。

1

① 犬にかまれました。

② 昨日、母に起こされました。

③ 彼氏にプロポーズされました。

④ 兄にいじめられました。

2

① A：どうしたんですか。

　B：どろぼうにかばんをぬすまれたんです。

② A：どうしたんですか。

　B：となりの人に足をふまれたんです。

③ A：どうしたんですか。

　B：友だちに頭をたたかれたんです。

④ A：どうしたんですか。

　B：弟に時計をこわされたんです。

3

① 赤ちゃんに泣かれて、眠れませんでした。

② 友だちに来られて、勉強できませんでした。

③ となりでタバコを吸われて、めいわくでした。

④ 授業中にお菓子を食べられて、
　気分が悪かったです。

4

① 早く戻られたほうがいいですよ。

② 会社に連絡されたほうがいいですよ。

③ 食後に薬を飲まれたほうがいいですよ。

④ マナーを守られたほうがいいですよ。

5　CDを聞いて、aとbのうち　内容に合う絵に○をつけましょう。　🎧21

① A：どうしたんですか。元気がないですね。

　B：昨日、かさをぬすまれたんです。

② A：昼ごはんを一緒に食べませんか。

　B：すみません。山田先生に
　ご飯を食べようと誘われてるんです。

③ A：どうしてそんなに怒っているんですか。

　B：妹に大事にしているシャツを
　汚されたんです。

④ A：何かあったんですか。元気がないですね。

　B：実は昨日、先輩にパソコンを
　こわされたんです。

① a　　　② a　　　③ a　　　④ b

⑪ クリスマスに仕事をさせるんですか。

1

① 荷物が重いので、弟に持たせました。

② 明日はテストなので、息子に勉強させました。

③ 声がきれいなので、
　ナレーションをさせました。

④ 野菜は体にいいので、
　子どもに食べさせました。

2

① 料理なら、私に手伝わせてください。

② 韓国なら、私に行かせてください。

③ 数学なら、私に教えさせてください。

④ この歌なら、私に歌わせてください。

3

① チェさんは料理が上手そうです。

② このソーセージはおいしそうです。

③ このイヤホンは音がきれいそうです。

④ 授業はもうすぐ終わりそうです。

4 CDを聞いて、子どもに
何をさせたいか書きましょう。 **23**

キム：山田さん、将来子どもに何を
習わせたいですか。

山田：うーん、そうですね。
女の子ならピアノを習わせたいですね。

キム：どうしてですか。

山田：私が小さい時、
習わせてもらえなかったからです。

キム：そうですか。他には何かありますか。

山田：本をたくさん読ませたいですね。

キム：それは大事ですね。
私は将来子どもに漫画を
読ませたいと思っています。

山田：漫画ですか。

キム：はい。日本の漫画を読ませたら
日本語が上手になるかもしれません。

山田：どうでしょうか。楽しみですね。

① 山田 ― 1）ピアノを習わせたい。
　　　　　　2）本をたくさん読ませたい。

② キム ― 漫画を読ませたい。

5 CDを聞いて、aとbのうち
内容に合う絵に〇をつけましょう。 **24**

① A：昨日の飲み会はどうでしたか。

B：山田さんにお酒をたくさん飲ませて、
後で怒られました。

② A：どうしたんですか。

B：息子を買い物に行かせたんですが、
まだ帰ってこないんです。

③ A：顔色が悪いですよ。大丈夫ですか。

B：とても眠いんです。

A：昨日は日曜日だったのに、
ゆっくり休めなかったんですか。

B：はい。
夜遅くまで上司が仕事をさせて……。

④ A：目が赤いですよ。どうしたんですか。

B：昨日、彼氏とけんかしたんです。

A：どうしてけんかしたんですか。

B：遅く帰って、
彼を怒らせてしまって……。

A：大変ですね。早く仲直りしてください。

① b　　　② a　　　③ c　　　④ b

 12 おせち料理の作り方を
教えてもらえませんか。

1

① このかさをお使いください。

② この本をお読みください。

③ この薬は食後にお飲みください。

④ この道をまっすぐお進みください。

2

① 先生は英語をお話しになりました。

② 課長は新しいパソコンを
お買いになりました。

③ 予定は部長がお決めになりました。

④ このメモは社長がお書きになりました。

3

① **A**：すみませんが、
　　　本を貸してもらえませんか。

　B1：はい、いいですよ。

　B2：すみません、今はちょっと……。

② **A**：すみませんが、
　　　席を外してもらえませんか。

　B1：はい、いいですよ。

　B2：すみません、今はちょっと……。

③ **A**：すみませんが、
　　　買い物に行ってもらえませんか。

　B1：はい、いいですよ。

　B2：すみません、今はちょっと……。

④ **A**：すみませんが、わからない問題を
　　　教えてもらえませんか。

　B1：はい、いいですよ。

　B2：すみません、今はちょっと……。

4

① 先生はいらっしゃいましたか。

② あの方をご存じですか。

③ 今、何とおっしゃいましたか。

④ 朝のニュースをご覧になりましたか。

5 CDを聞いて、質問に合う
　　答えを書きましょう。 🎧 26

先生　：スヤンさん、お久しぶりです。
　　　　元気でしたか。

スヤン：はい、おかげさまで。
　　　　先生はお元気でしたか。

先生　：はい、元気ですよ。
　　　　ところで、スヤンさん。
　　　　週末は何か予定がありますか。

スヤン：週末ですか。
　　　　図書館で勉強するつもりです。

先生　：そうですか。もし時間があれば
　　　　仕事を手伝ってもらえませんか。

スヤン：どんなお仕事でしょうか。

先生　：韓国から先生がいらっしゃるので、
　　　　通訳をお願いしたいのですが。

スヤン：はい、わかりました。
　　　　でも、夜に約束があるので、少し
　　　　早めに帰ってもよろしいでしょうか。

先生　：はい。
　　　　仕事は午前中に終わると思います。

スヤン：そうですか。わかりました。

先生　：よろしくお願いします。

① 図書館で勉強するつもりでした。

② 通訳です。

③ 夜に約束があるからです。

01 ３キロも 太ってしまいました。

하나　：저 사람은 뭐라고 말하는 거예요?

하루카：「멘소레」예요. 오키나와 방언으로 「어서 오세요」라는 의미예요.

하나　：재미있네요.
옆 사람이 먹고 있는 건 우동인가요?

하루카：아뇨, 저건 우동이 아니라 소키 소바라고 해요. 오키나와 명물로 담백한 맛의 국물이 인기예요.

하나　：오키나와 요리는 맛이 진하지 않고, 정말 맛있어요.
여기에 와서 3kg이나 쪄 버렸어요.

하루카：이 고야라고 하는 야채는 살도 안 찌고, 다이어트에도 좋아요.
하지만 쓰니까 주의하세요.

02 みんなで踊ったり 花火を見たりします。

하루카：오늘은 마츠리에 갈까요?

하나　：좋지요. 어떤 마츠리인가요?

하루카：에이사라고 하는 마츠리예요. 다 같이 춤추거나 불꽃놀이를 보거나 해요.

하나　：마츠리에 가기 전에 편의점에 가고 싶은데.

하루카：여기서 똑바로 가면 오른쪽에 편의점이 있어요. 가까우니까, 먼저 편의점에 갔다가 불꽃놀이를 보죠.

하나　：앗, 하늘이 조금 어둡네요.
비가 오면 중지인가요?

하루카：비가 많이 내리면 중지이지만, 오늘은 아마 괜찮을 거예요. 불꽃놀이를 본 후, 한 잔 하러 가요.

03 お土産を買いすぎました。

하나　：어쩌죠. 선물을 좀 많이 샀나봐요.
이 가방은 너무 작아서 다 안들어가요.

하루카：저기 있는 가게에서 가방을 한 개 더 살까요?

(가게에서)

하나　：이건 어때요? 주머니가 많이 달렸어요.

하루카：좋네요. 크고 가벼워서 쓰기 편할 거라고 생각해요. 그리고 물에 잘 안 젖는다고 쓰여 있네요.

하나　：어? 가격이 안 붙어있네요. 얼마일까요?

하루카：아, 가방 안에 들어있어요.
50% 할인 해서 1500엔이네요.

하나　：싸네요.

하루카：때가 잘 안타는 검은색은 어때요?

하나　：그렇네요. 검은색으로 할래요.

04 都合がよければ 見に来てください。

하나 　 : 어제, 아르바이트 면접 때문에 사쿠라 백화점에 갔어요. 엘레베이터에 탈 때, 형님하고 만났어요.

다쿠야 : 오늘 아침에, 형한테도 들었어요. 하나 씨, 아르바이트를 시작하는 건가요?

하나 　 : 네. 주 3회, 지하 빵집에서 일할 생각이에요. 하지만, 일요일에 한 번 더 면접을 봐야 해요.

다쿠야 : 하나 씨라면 문제 없을 거예요. 일본어를 잘 하니까.

하나 　 : 내일부터 놀러가지 않고 면접 연습을 할 거예요.

다쿠야 : 일요일에 축구 시합을 하는데, 괜찮으면 보러 와 주세요.

하나 　 : 알겠어요. 빨리 끝나면 갈게요.

05 応援に来てくれて うれしかったです。

다쿠야 : 하나 씨가 응원 와 줘서 기뻤어요.

하나 　 : 저도 다쿠야 씨 덕분에 즐거웠어요. 정말 멋졌어요.

다쿠야 : 고마워요. 아르바이트 면접은 어땠어요?

하나 　 : 다음 주부터 일하게 되었어요.

(백화점에서)

다쿠야 : 하루카 씨, 늦어서 미안해요.

하루카 : 괜찮아요. 하나 씨힌테 줄 물건을 생각해 왔나요?

다쿠야 : 형도 같이 생각해봤는데, 뭐가 좋을지 모르겠어요. 뭘 받으면 기뻐할까요?

하루카 : 글쎄요. 아르바이트에서 쓸 볼펜은 어떨까요?

다쿠야 : 좋네요. 좋은 가게를 알고 있다면 가르쳐주지 않을래요?

하루카 : 제 친구가 아르바이트 하고 있는 가게에 가 보죠.

06 みんな私に会いたがって いると思います。

하루카 : 하나 씨, 집에 자주 전화하고 있나요?

하나 　 : 아뇨, 별로 안 해요. 요즘 바빠서….

하루카 : 아버지나 어머니도 연락을 기다리고 계실 테니까, 때때로 전화하는게 좋아요.

하나 　 : 그렇네요. 분명 다들 저를 보고 싶어하고 있을 거라고 생각해요.

하루카 : 어? 하나 씨, 목소리가 조금 이상하네요. 괜찮아요?

하나 　 : 실은 그저께부터 목이 아프고 기침도 나와요.

하루카 : 무리하지 않는게 좋아요. 일본에서 병원에 가 본 적이 있나요?

하나 　 : 아뇨, 아직 없어요. 혼자 가는게 조금 무서워서…. 괜찮다면 좋은 병원을 소개해 주지 않을래요?

하루카 : 알겠어요. 지금 당장 같이 가요.

07 アルバイトを休もうと思っています。

하루카 : 하나 씨, 괜찮았나요?

하나 　 : 네, 괜찮아요. 걱정하지 않아도 돼요.

하루카 : 요즘 너무 바쁜 거 아녜요?

　　　　조금 쉬는게 좋아요.

하나 　 : 네. 오늘은 아르바이트를 쉬려고 생각

　　　　하고 있어요.

하루카 : 그래요? 그럼 폐를 끼치면 안 되니까,

　　　　빨리 연락하는게 좋아요.

하나 　 : 그렇네요. 여기서 전화를 해도 되나요?

하루카 : 여기에선 조금….

　　　　병원 안에서는 휴대폰을 쓰면 안 돼요.

하나 　 : 그럼 나중에 전화할래요.

　　　　약은 여기서 받나요?

하루카 : 아뇨. 약은 약국에서 받아요.

하나 　 : 그래요? 알겠어요.

08 運転できるようになりました。

다쿠야 : 하나 씨, 이번 연휴에 뭘 합니까?

하나 　 : 하루카 씨와 단풍을 보러 가려고 해요.

　　　　다쿠야 씨, 단풍이 예쁜 곳을 알고 있

　　　　나요?

다쿠야 : 네. 이 근처에서도 볼 수 있지만,

　　　　다음 주는 아직 이를지도 모르겠네요.

　　　　조금 멀지만, 하코네는 어떤가요?

　　　　단풍을 보면서, 온천욕을 할 수 있어요.

하나 　 : 하코네요? 좋네요. 꼭 가보고 싶어요.

다쿠야 : 저도 같이 가도 될까요? 드라이브 해요.

하나 　 : 드라이브?

　　　　다쿠야 씨, 벌써 면허를 땄어요?

다쿠야 : 네. 드디어 운전할 수 있게 되었어요.

하나 　 : 와, 대단하다. 축하드려요.

　　　　하지만, 차는 있나요?

다쿠야 : 형 차가 있어요.

　　　　형한테도 같이 가자고 해도 될까요?

하나 　 : 좋지요.

　　　　형님이 있으면 운전도 안심이네요.

09 連休なのに、あまり道がこんでいませんね。

다쿠야 : 피곤하니, 여기서 좀 쉬죠.

하나 　 : 그렇네요. 오늘은 연휴인데 그다지

　　　　길이 붐비지 않네요.

다쿠야 : 아침 일찍 출발해서 다행이네요.

　　　　이제부터 붐빌거라고 생각해요.

하나 　 : 날씨도 좋고, 경치도 아름답고 최고네요.

나오키 : 올해 단풍은 작년보다 아름답다고 해요.

하나 　 : 어, 왜 올해는 더 예쁜 거죠?

나오키 : 낮과 밤의 기온차가 심하면 색이 깊어

　　　　지기 때문이에요.

하나 　 : 기온차가 중요하군요. 하루카 씨?

나오키 : 쉿, 하루카 씨는 자고 있어요.

하나 　 : 다쿠야 씨가 운전을 잘해서, 자고 있는

　　　　것일지도 모르겠네요. 첫 드라이브인데

　　　　안심 돼요.

다쿠야 : 고마워요.

10 雨に降られたので、かさを買いました。

하나　　：앗, 선생님. 안녕하세요. 장 보세요?

선생님：네, 엄마한테 식빵을 부탁받았어요.
　　　　하나 씨는 벌써 아르바이트가 끝났나요?

하나　　：네, 지금 끝났어요. 어, 선생님, 옷이 젖었네요. 이 손수건 쓰시겠어요?

선생님：고마워요. 갑자기 비를 맞아서, 우산을 샀어요. 반값이어서 2개 샀어요. 하나 씨는 우산을 가지고 있나요?

하나　　：아뇨, 저도 사야 돼요.

선생님：괜찮으면 이 우산을 쓰세요.

하나　　：앗, 그래도 괜찮나요?

선생님：네, 쓰세요.

하나　　：감사합니다.

11 クリスマスに仕事をさせるんですか。

하루카：하나 씨는 크리스마스, 뭔가 예정이 있나요?

하나　　：다 같이 크리스마스 파티를 하고 싶었지만, 아르바이트예요.

하루카：앗, 1년에 한번 있는 크리스마스에 일을 시키나요? 심하네요.

하나　　：괜찮아요.
　　　　남자친구도 없고, 약속도 없으니까요.

하루카：저도 그래요. 크리스마스는 평소보다 바쁠 것 같네요.

하나　　：네. 가게 앞에서 크리스마스 케이크를 팔아야 해요.

하루카：그렇군요. 케이크는 몇 종류 있나요?

하나　　：딸기 케이크나 초콜릿 케이크가 있고,
　　　　모두 4종류예요.

하루카：와, 맛있겠네요.

하나　　：아르바이트가 끝나면 하나 사 올 테니,
　　　　같이 크리스마스 파티 하지 않을래요?

하루카：좋네요. 그렇게 하죠.
　　　　파티 준비는 저한테 맡겨 주세요.

하나　　：부탁해요. 정말 기대돼요.

12 おせち料理の作り方を教えてもらえませんか。

선생님：하나 씨, 설날엔 한국에 돌아가나요?

하나　　：아뇨, 일본에서 지낼 생각이에요.

선생님：그렇군요. 괜찮으면 우리집에 오지 않겠어요? 어머니가 한국 드라마를 매우 좋아해서, 하나 씨와 이야기 하고 싶어 해요.

하나　　：앗, 정말인가요?
　　　　한국어를 하실 줄 아시는 건가요?

선생님：네, 조금 말 할 수 있어요.

하나　　：와, 대단하네요.

선생님：어머니의 오세치 요리(일본 설 요리)는 맛있어요. 같이 먹으면서 이야기하죠.

하나　　：오세치 요리를 만들어 주시는 건가요?
　　　　기대되네요. 괜찮다면 어머님께 오세치 요리 만드는 방법을 배울 수 있을까요?

선생님：네, 어머니한테 부탁해 볼게요.

하나　　：감사합니다.
　　　　어머님께도 잘 말씀해 주세요.

Diet *Japanese*

新 다이어트 일본어 초급 2단계

초판발행	2014년 8월 31일
1판 5쇄	2021년 11월 15일

저자	강석우・이범석・최은희・이시즈카 유카리(石塚ゆかり)・고쿠쇼 카즈미(國生和美)
책임 편집	조은형, 무라야마 토시오, 박현숙, 김성은, 손영은
펴낸이	엄태상
콘텐츠 제작	김선웅, 김현이, 유일환
마케팅	이승욱, 전한나, 왕성석, 노원준, 조인선, 조성민
경영기획	마정인, 조성근, 최성훈, 정다운, 김다미, 오희연
물류	정종진, 윤덕현, 양희은, 신승진

펴낸곳	시사일본어사(시사북스)
주소	서울시 종로구 자하문로 300 시사빌딩
주문 및 교재 문의	1588-1582
팩스	0502-989-9592
홈페이지	www.sisabooks.com
이메일	book_japanese@sisadream.com
등록일자	1977년 12월 24일
등록번호	제300 - 1977 - 31호

ISBN 978-89-402-9148-1 18730

      978-89-402-9146-7 18730 [set]

가타카나 단어 쓰기노트

	ア단	イ단	ウ단	エ단	オ단
ア행	ア a	イ i	ウ u	エ e	オ o
カ행	カ ka	キ ki	ク ku	ケ ke	コ ko
サ행	サ sa	シ shi	ス su	セ se	ソ so
タ행	タ ta	チ chi	ツ tsu	テ te	ト to
ナ행	ナ na	ニ ni	ヌ nu	ネ ne	ノ no
ハ행	ハ ha	ヒ hi	フ hu·fu	ヘ he	ホ ho
マ행	マ ma	ミ mi	ム mu	メ me	モ mo
ヤ행	ヤ ya		ユ yu		ヨ yo
ラ행	ラ ra	リ ri	ル ru	レ re	ロ ro
ワ행	ワ wa				ヲ wo
ン	ン ng, n, m				

* 「ー」는 장음 부호이다.

アイスクリーム

아이스크림
ice cream

アイスクリーム	アイスクリーム

アナウンサー

아나운서
announcer

アナウンサー	アナウンサー

アニメ

애니메이션
animation

アニメ	アニメ

アメリカ

미국
America

アメリカ	アメリカ

アルバイト

아르바이트
(독일어) Arbeit

アルバイト	アルバイト

イヤホン

이어폰
earphone

イヤホン	イヤホン

インコース

인 코스
in course

インコース	インコース

インターネット

인터넷
internet

インターネット	インターネット

ウイスキー

ウイスキー	ウイスキー

エッセー

エッセー	エッセー

エレベーター

エレベーター	エレベーター

オリンピック

オリンピック	オリンピック

オレンジ

오렌지
orange

オレンジ	オレンジ

カツ丼

돈가스 덮밥
cutlet どんぶり

カツ丼	カツ丼

カヌー

카누
canoe

カヌー	カヌー

カフェ

카페
cafe

カフェ	カフェ

カメラ

카메라
camera

カメラ	カメラ

カラオケ

노래방
空 orchestra

カラオケ	カラオケ

カレー

카레
curry

カレー	カレー

ギター

기타
guitar

キ

ギター	ギター

キャンパス

캠퍼스
campus

キャンパス	キャンパス

キャラクター

캐릭터
character

キャラクター	キャラクター

グッズ

용품, 물품
goods

グッズ	グッズ

クラスメート

급우, 클래스메이트
classmate

クラスメート	クラスメート

クリスマス

크리스마스
Christmas

クリスマス	クリスマス

ケーキ

케이크
cake　ケ

ケーキ	ケーキ

ゲーム

게임
game

ゲーム	ゲーム

ゴーグル

고글
goggles　コ

ゴーグル	ゴーグル

コーヒー

커피
coffee

コーヒー	コーヒー

コーラ

콜라
cola

コーラ	コーラ

コピー

복사
copy

コピー	コピー

コンサート

콘서트
concert

コンサート	コンサート

コンビニ

편의점
convenience store

コンビニ	コンビニ

コンピューター

컴퓨터
computer

コンピューター	コンピューター

サイン

사인
sign

サ

サイン	サイン

サッカー

축구
soccer

サッカー	サッカー

ジム

체육관
gym

ジム	ジム

シャツ

셔츠
shirt

シャツ	シャツ

シャワー

샤워
shower

シャワー	シャワー

ジュース

주스
juice

ジュース	ジュース

スーパー

スーパー	スーパー

スカート

스커트
skirt

スカート	スカート

スキー

스키
ski

スキー	スキー

ストレス

스트레스
stress

ストレス	ストレス

スポーツ

스포츠
sports

スポーツ	スポーツ

ズボン

바지
(프랑스어) jupon

ズボン	ズボン

スリム

슬림
slim

スリム	スリム

セ セーター

스웨터
sweater

セーター	セーター

セット

セット

セット	セット

세트
set

ソーセージ

ソーセージ	ソーセージ

소시지
sausage

ダイエット

ダイエット	ダイエット

다이어트
diet

チケット

チケット	チケット

티켓
ticket

チャット

チャット	チャット

チョコレート

チョコレート	チョコレート

ツ ツアー

ツアー	ツアー

テ デート

デート	デート

デザイナー

디자이너
designer

デザイナー	デザイナー

テスト

테스트
test

テスト	テスト

テニス

테니스
tennis

テニス	テニス

デパート

백화점
department store

デパート	デパート

デュエット

デュエット	デュエット

テレビ

テレビ	テレビ

ト ドア

ドア	ドア

トイレ

トイレ	トイレ

ドライブ

드라이브
drive

ドライブ	ドライブ

ドラマ

드라마
drama

ドラマ	ドラマ

トンカツ

돈가스(포크 커틀릿)
pork(豚) cutlet

トンカツ	トンカツ

ナレーション

나레이션
narration

ナレーション	ナレーション

ニ

ニュース

ニュース	ニュース

ネ

ネクタイ

ネクタイ	ネクタイ

ネックレス

ネックレス	ネックレス

ノ

ノート

ノート	ノート

パーティー

パーティー	パーティー

バイク

バイク	バイク

バス

バス	バス

パソコン

パソコン	パソコン

バッグ

가방
bag

バッグ	バッグ

バナナ

바나나
banana

バナナ	バナナ

パン

빵
(포르투갈어) pão

パン	パン

ハンカチ

손수건
handkerchief

ハンカチ	ハンカチ

ハンサム

핸섬
handsome

ハンサム	ハンサム

ハンバーガー

햄버거
hamburger

ハンバーガー	ハンバーガー

ピアス

피어스
pierced earrings

ヒ

ピアス	ピアス

ピアノ

피아노
piano

ピアノ	ピアノ

ビール

맥주
(네덜란드어) bier

ビール	ビール

ビル

빌딩
building

ビル	ビル

ピンク

핑크
pink

ピンク	ピンク

フ ファン

팬
fan

ファン	ファン

フィギュアスケート

フィギュアスケート	フィギュアスケート

プール

プール	プール

フェリー

フェリー	フェリー

フォーマル

フォーマル	フォーマル

フランス

フランス	フランス

プリン

プリン	プリン

プレゼント

プレゼント	プレゼント

プロポーズ

プロポーズ	プロポーズ

ベッド

ベッド	ベッド

ペット

ペット	ペット

ボーナス

ボーナス	ボーナス

ホームラン

ホームラン	ホームラン

ボールペン

볼펜
ball-point pen

ボールペン	ボールペン

ポケット

주머니
pocket

ポケット	ポケット

ボタン

버튼
button

ボタン	ボタン

ホテル

호텔
hotel

ホテル	ホテル

マナー
매너
manner

マナー	マナー

マンション
맨션(아파트)
mansion

マンション	マンション

ミーティング
회의(미팅)
meeting
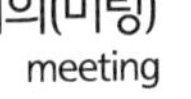

ミーティング	ミーティング

メール
메일
mail

メール	メール

メニュー
메뉴
menu

メニュー	メニュー

メモ
메모
memo

メモ	メモ

メロン
메론
melon

メロン	メロン

ヨ # ヨーロッパ
유럽
Europe

ヨーロッパ	ヨーロッパ

リボン

リボン	リボン

ルール

ルール	ルール

レストラン

レストラン	レストラン

レポート

レポート	レポート

レモン

레몬
lemon

レモン	レモン

ロ ロンドン

런던
London

ロンドン	ロンドン

ワ ワイン

와인
wine

ワイン	ワイン

ワンピース

원피스
one-piece

ワンピース	ワンピース